100 Rituale
für die Krippe

Orientierung und Sicherheit für den Tagesablauf mit den Kleinsten

Charner | Murphy | Clark

Verlag an der Ruhr

Impressum

Titel der deutschen Ausgabe
100 Rituale für die Krippe
Orientierung und Sicherheit für den Tagesablauf mit den Kleinsten

Titel der amerikanischen Originalausgabe
The Encyclopedia of Infant and Toddler Activities – *For Children Birth to 3*

Autoren
Kathy Charner, Maureen Murphy, Charlie Clark

Titelbildmotiv
Judith Ganter

Illustrationen
Judith Ganter, Petra Lefin

Übersetzung
Rita Kloosterziel

Bearbeitung für Deutschland
Verlag an der Ruhr
Mülheim an der Ruhr
www.verlagruhr.de

Geeignet für die Altersstufen 0–3

ISBN 978-3-8346-0712-6

Printed in Germany

Inhaltsverzeichnis

Inhaltsverzeichnis

Ein paar Worte vorab ...

Liebe Leserin, lieber Leser,

wenn Sie Babys und Kleinkinder in einer Krippe, einem Kindergarten oder als Tagesmutter betreuen, wissen Sie, wie wichtig Regelmäßigkeiten und Wiederholungen für die Kinder sind. Rituale und kleine immer wiederkehrende Aktivitäten geben den Kindern Sicherheit. Sie grenzen Zeiträume und Tagesphasen ein und zeigen, dass bestimmte Aktivitäten und Situationen eines Tages immer wiederkehren.

In den ersten Lebensjahren findet so viel intellektuelles Wachstum statt wie in keiner anderen Lebensphase. In jeder wachen Minute saugen Babys und Kleinkinder zahllose Informationen in sich auf. Sie kauen und schmecken, hören, brabbeln und bringen schließlich Wörter hervor. Sie tasten, greifen, sie krabbeln und lernen laufen. Bei all der körperlichen Entwicklung findet zugleich eine enorme emotionale und soziale Entwicklung statt. Das Kind lernt sich und seinen Körper kennen. Es versteht allmählich, dass es in einer Gemeinschaft mit anderen Menschen lebt. Es erlebt verschiedene Gefühle und beginnt, sie zu benennen und damit umzugehen. Um mit all diesen Entwicklungsprozessen zurechtzukommen, braucht das Kind Sicherheit und Orientierung, die Sie ihm in Ihrem gemeinsamen Alltag geben können. „100 Rituale für die Krippe" bieten Ihnen Anregungen und Ideen für jeden Tag.

Zu diesem Buch

Die 100 Rituale in diesem Buch sind in vier Kapitel aufgeteilt:

- Im ersten Kapitel **„Besondere Momente"** (S. 7–38) finden Sie Ideen für sensible Phasen, wie die Begrüßung bei der Ankunft und den Abschied von den Eltern, die Eingewöhnungszeit sowie Phasenübergänge und auch Aufräumsituationen.
- Im zweiten Kapitel **„Spielen und Entdecken"** (S. 39–64) ist eine kleine Sammlung von unaufwändigen Spielen und Anregungen zum Wahrnehmen, Bewegen und Gestalten zusammengestellt, die Sie immer wieder leicht zwischen-

Ein paar Worte vorab …

durch mit den Kindern machen können. Sie machen den Kindern Freude und geben ihnen zudem Regelmäßigkeit.

- Im dritten Kapitel **„Ich und Wir“** (S. 65 – 90) finden Sie Rituale, die sich mit dem Kind, seinem Körper und seinen Gefühlen oder mit dem Kind in der Gruppe beschäftigen.
- Das vierte Kapitel **„Mit den Eltern Hand in Hand“** (S. 91 – 110) enthält viele kleine Einstiegshilfen und Ideen, wie Sie mit den Eltern zusammenarbeiten und sie aktiv in den Krippenalltag einbinden können. Denn erst, wenn Eltern und Pädagogen als Partner zusammenarbeiten, kann Erziehung und Bildung im Sinne der Kinder funktionieren.

Zu jeder Idee finden Sie **Altersangaben**. Daran können Sie sich orientieren, doch kennen Sie Ihre Kinder selbst natürlich am besten und wissen, was Sie Ihnen zutrauen können. Deswegen sollten Sie bei der Auswahl immer den Entwicklungsstand der Kinder im Blick haben und natürlich ihre persönlichen Vorlieben. Falls Sie für ein Spiel Materialien benötigen, finden Sie diese aufgelistet. Das Material ist so ausgewählt, dass die Kinder damit keiner Gefahr ausgesetzt werden. Dennoch ist immer Ihre Aufmerksamkeit gefragt. Bis zum Alter von drei Jahren stecken Kinder vieles in den Mund, auch Spielzeuge. Daher besteht in dieser Lebensphase die größte Erstickungsgefahr. Einige Male werden kleinere Dinge verwendet. Haben Sie die Kinder hier immer genau im Blick.

In den **Anleitungen** selbst finden Sie einen chronologischen Ablauf der jeweiligen Idee mit kleinen Tipps und Variationsmöglichkeiten. Sicher ergeben sich aber aus einer individuellen Situation immer auch noch weitere Ideen. Nur Mut! Nutzen Sie die Rituale genau so, wie sie Ihnen und den Kindern Freude machen …

Dabei wünschen wir Ihnen nun viel Spaß!

Besondere Momente

In diesem Kapitel finden Sie Ideen, mit denen Sie sensible Phasen in Ihrem Alltag, wie z.B. die Begrüßung beim **Ankommen** oder die **Verabschiedung** von den Eltern, die **Eingewöhnungszeit** sowie **Phasenübergänge** oder auch **Aufräumsituationen**, für die Kleinen übersichtlich und einfühlsam gestalten können.

Nehmen Sie die Ideen zum Anlass, um **Strukturen** in Ihren gemeinsamen Alltag zu bringen, die die Kinder wahrnehmen. So fällt es ihnen leichter, sich im Krippenalltag zu orientieren und **Regelmäßigkeiten im Tagesablauf** zu erleben. Das gibt ihnen **Sicherheit** und ein **Gefühl von Willkommen-Sein** und festigt das **Vertrauen** der Kleinen.

Willkommensgrüße

Für 0–36 Monate

Eine gute Gelegenheit ...

zur Begrüßung beim Ankommen

Das brauchen Sie

ein Foto von jedem Kind, buntes Papier, eine Schere, Kleber,
ein schwarzes Brett im Eingangsbereich oder an der Gruppentür

So geht es

- Machen Sie von jedem Kind ein Foto, oder bitten Sie die Eltern um eines.
- Überlegen Sie sich ein Thema, z.B. Blumen, Schneeflocken oder Blätter.
- Schneiden Sie aus buntem Papier für jedes Kind einen Umriss Ihres gewünschten Motivs aus, der zum Thema passt.
- Kleben Sie das Foto des Kindes auf den Umriss.
- Befestigen Sie die Fotos am schwarzen Brett. Denken Sie sich eine passende Überschrift zu Ihrem Thema aus, z.B. *„Freundschaften blühen auf"*, *„Jede Schneeflocke ist anders"* oder *„Der Herbst bringt neue Freundschaften"*.
- Wenn die Kinder mit Ihren Eltern ankommen, fällt der Blick sicher gleich auf das eigene Bild im Ensemble am schwarzen Brett, und sie fühlen sich willkommen und zugehörig.

Hier ist mein Platz

Für 6–18 Monate

Eine gute Gelegenheit ...

zum Ankommen, Eingewöhnen und Sich-willkommen-Fühlen

Das brauchen Sie

Fotos von den Kindern in Ihrer Gruppe

So geht es

- Fotografieren Sie jedes Kind, und machen Sie von jedem Bild mehrere Abzüge.
- Hängen Sie ein Foto von jedem Kind in der Wickelecke, bei den Fächern der Kinder und an anderen Stellen im Gruppenraum auf.
- Schreiben Sie die Namen der Kinder dazu.
- Mit den Bildchen zeigen Sie den Eltern, dass ihr Kind seinen eigenen Platz hat.
  Die Fotos helfen den Kindern, ihr Fach zu identifizieren und sich als Teil der Gruppe zu fühlen.

Tipp

Gestalten Sie mit den Fotos ein schönes Willkommensbild für den Eingangsbereich oder die Tür, z.B. in Form einer großen Blume. Wenn die Kinder ankommen, können sie gleich mit ihren Eltern zusammen nachsehen, wo sie auf der Blume zu finden sind, und fühlen sich willkommen und zugehörig.

Fotopaare

Für 6–18 Monate

Eine gute Gelegenheit ...

zum Ankommen und Eingewöhnen oder in Heimweh-Momenten

Das brauchen Sie

Fotos, die die Kinder mit einem Elternteil zeigen (jeweils zwei Abzüge), Tonpapier, transparente Selbstklebefolie oder ein Laminiergerät und Laminierfolie, eine Schere

So geht es

- Bitten Sie die Eltern um Fotos, die sie mit ihrem Kind zeigen. Sie benötigen je zwei Abzüge davon.
- Schneiden Sie zwei passende Stücke Tonpapier aus, und kleben Sie sie auf die Rückseiten der Fotos.
- Beziehen Sie die Fotos mit Selbstklebefolie, oder laminieren Sie sie.
- Geben Sie jedem Kind seine eigenen Fotos und auch das Foto von einem oder zwei anderen Kindern.
- Zeigen Sie den Kindern die beiden Abzüge der eigenen Fotos, die es in der Hand hält, und bieten Sie an, eines an andere Kinder zu verteilen.

Gut zu wissen

Der Anblick eines Fotos von sich selbst und einem Elternteil kann Kindern die Trennungsangst nehmen und helfen, sie in Heimweh-Momenten zu beruhigen. Im spielerischen Miteinander erkennen die Kinder außerdem, dass sie in ihrer Situation nicht allein sind.

Kleines Begrüßungslied

Für 6–24 Monate

Eine gute Gelegenheit ...

zur Begrüßung im Morgenkreis

So geht es

- Die Kinder sitzen oder stehen im Morgenkreis zusammen.
- Singen Sie das folgende Lied zu der Melodie von *„Dornröschen war ein schönes Kind"*. Beginnen Sie mit dem Namen eines Kindes, und benennen Sie reihum alle Kinder.

  (Name des Kindes ...) ***ist heut hier bei uns, hier bei uns, hier bei uns,***
  (Name des Kindes ...) ***ist heut hier bei uns, das ist schön.***
  Wir freuen uns, dich hier zu sehen, hier zu sehen, hier zu sehen,
  wir freuen uns, dich hier zu sehen. Hurra! Hurra! Hurra!

- Ermuntern Sie die Kinder, *„Hurra!"* mitzurufen, wenn der Liedtext es vorgibt.

Variante

- Sie können sich für dieses kleine Begrüßungslied auch ein paar einfache Tanzschritte ausdenken, oder Sie lassen die Kinder bei *„Hurra"* mitklatschen. Solch ein bewegtes Begrüßungslied macht den Kleinen bestimmt noch mehr Freude.

Tschüss, Mama!

Für 6–24 Monate

Eine gute Gelegenheit ...

zum Ankommen und Verabschieden

So geht es

- Nehmen Sie die Kinder bereits vor dem Gruppenzimmer in Empfang.
- Bitten Sie die Eltern, den Kindern zu sagen, dass sie sie am Ende ihres Tages wiedersehen. Auf diese Weise ist es das Kind, das die Eltern verlässt, um etwas zu tun, statt zurückgelassen zu werden. So lässt sich der Übergang in die Gruppe erleichtern.

Tipp

Bevor Sie ein Ritual für den morgendlichen Abschied einführen, sollten Sie mit den Eltern darüber sprechen. Nutzen Sie den Hospitations- oder Schnuppertag des Kindes oder einen extra dafür vorgesehenen Gesprächstermin, und sprechen Sie ganz in Ruhe mit den Eltern über den Sinn und die Möglichkeiten der morgendlichen Abschiedszeremonien.

Namenskette

Für 24 – 36 Monate

Eine gute Gelegenheit …

zum Ankommen und Gehen

Das brauchen Sie

Wolle, eine Schere, Fotokarton in unterschiedlichen Farben, einen Filzstift, Kleber

So geht es

- Schneiden Sie für die „Ketten" ca. 70 cm lange Wollfäden zu. Knoten Sie die Enden zusammen.
- Schneiden Sie Kartonstreifen in 15 cm Länge und 2,5 cm Breite zu. Falten Sie die Kartonstreifen auf die Hälfte, sodass sie 7,5 cm lang sind.
- Lassen Sie jedes Kind einen Streifen in seiner Lieblingsfarbe aussuchen, und schreiben Sie mit schwarzem Filzstift den Namen des Kindes auf den Kartonstreifen.
- Hängen Sie den gefalteten Streifen mit dem Falz über den Wollfaden, sodass der Name des Kindes sichtbar ist, und kleben Sie ihn zusammen.
- Legen Sie die Namensketten auf einen Tisch, oder hängen Sie sie an Haken auf. Wenn die Kinder morgens in die Gruppe kommen, dürfen sie sich ihre Kette nehmen und umhängen oder an einem dafür vorgesehenen Platz aufbewahren.
- Am Ende des Tages hängen die Kinder die Ketten wieder an ihren Haken oder legen sie auf den Tisch zurück.

Auf Stofftierjagd

Für 24 – 36 Monate

Eine gute Gelegenheit ...

zum Ankommen

Das brauchen Sie

Krabbeltunnel oder ein paar Stühle mit einem Bettlaken, Taschenlampen, Stofftiere

So geht es

- Bauen Sie zur Ankunftszeit der Kinder einen Krabbeltunnel nahe der Eingangstür auf. Wenn Sie keinen Krabbeltunnel haben, können Sie stattdessen Stühle nebeneinander stellen und ein Laken darüberhängen.
- Verteilen Sie ein paar Stofftiere im Tunnel. Legen Sie auch Stofftiere an den Tunnelausgang, die die Kinder finden, wenn sie hindurchgekrabbelt sind.
- Wenn die Kinder ankommen, erzählen Sie ihnen, dass sie sich auf eine abenteuerliche Suche nach Tieren begeben werden.
- Geben Sie den Kindern eine Taschenlampe, wenn sie ihre Krabbeltour durch den Tunnel antreten.
- Wenn die Kinder am anderen Ende des Tunnels wieder zum Vorschein kommen, fragen Sie sie, was sie gesehen haben.
- Die Kinder werden wahrscheinlich mehrmals durch den Tunnel krabbeln wollen.

Tipp

Sie können die Stofftiere auch gegen andere Spielsachen austauschen.

Eulenkinder

Für 6–24 Monate

Eine gute Gelegenheit …

zum Ankommen und Basteln

Das brauchen Sie

Tonpapier, Schere, Klettband (selbstklebend), transparente Selbstklebefolie, von jedem Kind ein Foto, fertig ausgestanzte Eulen oder ausgeschnittene Tonpapiereulen, eine Pappschachtel, die groß genug ist, um die Eulen hineinzustellen

So geht es

- Befestigen Sie eine Pinnwand so, dass die Kinder sie bequem erreichen können.
- Schneiden Sie aus braunem Tonpapier einen großen Baumstamm mit einigen Ästen aus. Schneiden Sie Blätter aus grünem Tonpapier aus.
- Befestigen Sie Klettband an den Blättern und am Baum.
- Schreiben Sie *„Wer ist heute hier?“* auf einen Streifen Tonpapier, und befestigen Sie diesen auch an der Pinnwand.
- Kleben Sie auf jede Eule ein Kinderfoto. Schreiben Sie den Namen des Kindes darunter.
- Beziehen Sie die Eulen mit Selbstklebefolie, und kleben Sie ein Stück Klettband auf die Rückseite.
- Befestigen Sie eine Schachtel neben der Pinnwand, sodass die Kinder sie bequem erreichen können. Darin bewahren Sie die Eulen auf.
- Wenn die Kinder morgens in die Gruppe kommen, suchen sie sich ihre Eule und befestigen sie an den Klettstreifen des Baumes.

Blumenkinder

Für 6–36 Monate

Eine gute Gelegenheit …

zum Ankommen und Gehen

Das brauchen Sie

von jedem Kind ein kleines Foto, buntes Tonpapier, eine Schere, Filzschreiber, für jedes Kind ein Bastelstäbchen (mind. 20 cm lang), Kleber, zwei kleine, dekorative Eimer, Sand

So geht es

- Schneiden Sie die Fotos zurecht: Zeichnen Sie um das Gesicht einen 3 cm bis 5 cm großen Kreis, und schneiden Sie ihn aus.
- Schneiden Sie ca. 10 cm große Blumen aus dem bunten Tonpapier aus, und kleben Sie die Fotos auf die Blumen.
- Kleben Sie die Blumen am Ende eines Bastelstäbchens fest.
- Schreiben Sie zu jedem Foto den passenden Namen auf die Rückseite der Blume oder auf das Bastelstäbchen.
- Füllen Sie die Eimer oder Blumentöpfe etwa zur Hälfte mit Sand. Schreiben Sie *„Guten Morgen“* auf den einen Eimer, *„Auf Wiedersehen“* auf den anderen.
- Stellen Sie den „Auf-Wiedersehen“-Eimer auf einen Tisch vor dem Gruppenraum. Den „Guten-Morgen“-Eimer stellen Sie gut sichtbar im Gruppenraum auf.
- Bei ihrer Ankunft am Morgen suchen sich die Kinder ihre Blume, bringen sie mit in den Gruppenraum und stecken sie in den „Guten-Morgen“-Eimer. Vielleicht brauchen sie dabei die Hilfe ihrer Eltern. Wenn sie sich am Ende des Tages verabschieden, stecken Sie die Blume wieder in den „Auf Wiedersehen“-Eimer.

Auf Wiedersehen, Zimmer!

Für 6 – 24 Monate

Eine gute Gelegenheit …

zum Verabschieden oder für Phasenübergänge

So geht es

Oft fällt es Kindern schwer, ihr Spiel zu unterbrechen oder zu beenden und sich zu trennen, wenn sie gerade sehr vertieft sind. Der Übergang von einer Aktivität zur anderen oder das Nach-Hause-Gehen wird leichter, wenn sich die Kinder mit einem kleinen Verabschiedungsritual trennen können.

- Sagen Sie den Kindern, dass es Zeit ist, nach Hause zu gehen oder eine Aktivität zu beenden.
- Machen Sie vor, wie sie sich von einem anderen Menschen oder von Sachen im Raum verabschieden können. Sagen Sie z.B.: „*Auf Wiedersehen, Stuhl!*“, „*Auf Wiedersehen, Teppich!*“ oder „*Auf Wiedersehen, Susi!*“.
- Ermuntern Sie die Kinder, es Ihnen nachzutun und sich von ihren Lieblingssachen oder ihren Freunden zu verabschieden.

Tipp

Machen Sie das Verabschieden besonders in der ersten Zeit des Krippenjahres immer wieder vor, damit die Kinder es sich als Ritual angewöhnen können. Wer es nicht mehr braucht, kann sich auch ohne Abschied aus einer Situation lösen.

Ich finde meinen Schal nicht!

Für 18 – 36 Monate

Eine gute Gelegenheit ...

zum Verabschieden, Aufräumen,
Anziehen oder vor dem Rausgehen

So geht es

- Wenn Sie am Ende des Tages den Kindern helfen, verloren gegangene Sachen wiederzufinden, können Sie dieses Lied singen. Die Melodie von *„Der Kuckuck und der Esel"* passt dazu.

  Ich finde meinen Schal nicht,
  heut früh war er noch da.
  Kannst du mir suchen helfen?
  Kannst du mir suchen helfen?
  Wo könnt mein Schal denn sein?
  Wo könnt mein Schal denn sein?

- Setzen Sie statt *„Schal"* andere Wörter wie Mütze, Handschuh oder Jacke ein, je nach dem, was gerade vermisst wird. So macht es den Kindern Spaß, sich für den Nachhauseweg anzuziehen.

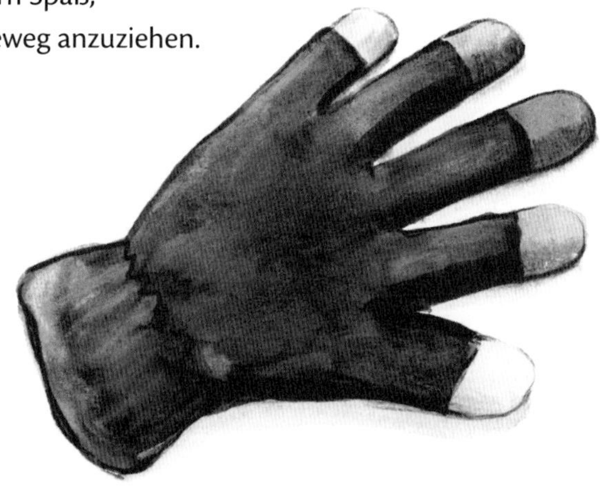

Anzieh-Trick

Für 24 – 36 Monate

Eine gute Gelegenheit …

zum Verabschieden oder vor dem Rausgehen

Das brauchen Sie

die Jacken der Kinder

So geht es

- Schlagen Sie den Kindern vor, dass sie ihre Jacken oder Anoraks auf den Boden legen.
- Legen Sie die Jacken so zurecht, dass die Armeinstecklöcher innen gut zu sehen sind.
- Die Kinder stellen sich mit dem Gesicht zur Jacke so hin, dass ihre Füße dicht am Kragen oder an der Kapuze platziert sind. Dann gehen sie in die Hocke und schieben die Hände in die Armlöcher.
- Wenn die Kinder aufstehen, die Hände über den Kopf heben und durch die Ärmel schieben, rutscht die Jacke von selbst über den Kopf, die Arme und den Rücken.

Variante

- Die Kinder könnten sich zu zweit zusammentun. Dann können sie sich gegenseitig helfen, falls eines von ihnen Probleme mit seiner Jacke bekommt.

Stiftversteck

Für 18–36 Monate

Eine gute Gelegenheit …

zum Aufräumen und Material-Organisieren

Das brauchen Sie

kleine Schuhkartons mit Deckel, Tonpapier oder Malpapier, kurze Farbstifte, eine kindersichere Schere, einen Klebestift, Gummiringe

So geht es

Die Kleinen zum Aufräumen zu bewegen, kann ganz schön schwierig sein. Mit hübsch gestalteten Aufbewahrungskartons macht das Einsammeln der Farbstifte aber bestimmt Spaß!

- Schneiden Sie das Papier auf die Größe der Kartonwände zu.
- Geben Sie den Kindern die Papierstücke zum Anmalen.
- Helfen Sie ihnen, ihre Bilder an die Seitenwände der Kartons zu kleben.
- Schneiden Sie ein Loch oder einen kleinen Spalt in den Deckel. Das Loch oder der Spalt müssen so groß sein, dass ein Farbstift hindurchpasst.
- Kleben Sie zerbrochene Farbstifte oder zu klein gewordene Farbstifte, die Sie aussortiert haben, um die Kartonöffnung. So können die Kinder gleich erkennen, was das für ein Aufbewahrungskarton ist.
- Den Kindern macht es bestimmt Spaß, die Stifte in den Kartons verschwinden zu lassen. Und wenn später ein Kind zeichnen möchte, muss es nur den Deckel der Schachtel heben und kann sich Stifte herausholen.

Schmutz im Quadrat

Für 24–36 Monate

Eine gute Gelegenheit …

zum Aufräumen und Saubermachen

Das brauchen Sie

farbiges Klebeband, einen Kinderbesen oder
eine kleine Kehrschaufel und einen Besen

So geht es

- Markieren Sie mit Klebeband ein Quadrat auf dem Boden.
- Zeigen Sie den Kindern, wie sie Schmutz und Krümel in das Quadrat fegen können.
- Lassen Sie die Kinder den Schmutz im Quadrat auf eine Kehrschaufel fegen.

Tipp

Geben Sie den Kindern von Beginn ihrer Krippenzeit an und ebenso regelmäßig die Möglichkeit, mitzuhelfen. Sobald ein Kind laufen kann, ist es in der Lage, mit einem Tuch einen Tisch abzuwischen, Servietten für alle hinzulegen oder eben – Schmutz zusammenzukehren. Natürlich wird das nicht so gründlich sein, aber die Kinder sind stolz, wenn sie es geschafft haben, einen Beitrag zum Alltagsmiteinander geleistet zu haben.

Wir räumen alle auf!

Für 18 – 36 Monate

Eine gute Gelegenheit ...

zum Aufräumen

So geht es

Ermuntern Sie die Kinder, beim Aufräumen dieses Lied zur Melodie von *„Jetzt steigt Hampelmann"* zu singen:

Jetzt wird aufgeräumt,
jetzt wird aufgeräumt,
und alle helfen mit.
Oh, Kinder, kommt schnell her, ja, kommt schnell her,
oh, Kinder, kommt schnell her, wir räumen alle auf.
Unser Tag ist aus,
unser Tag ist aus,
wir gehen bald nach Haus.

Sprechen Sie nun folgenden Satz: *„Doch vorher heißt es ..."*

Oh, Kinder, kommt schnell her, ja, kommt schnell her,
oh, Kinder, kommt schnell her, wir räumen alle auf.
Jetzt wird aufgeräumt,
jetzt wird aufgeräumt
und alle helfen mit.
Oh, Kinder, kommt schnell her, ja, kommt schnell her,
oh, Kinder, kommt schnell her, wir räumen alle auf.

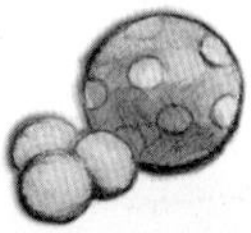

Farbensuchen

Für 24–36 Monate

Eine gute Gelegenheit ...

zum Aufräumen

Das brauchen Sie

Eimer und andere Behälter

So geht es

Verwandeln Sie das Aufräumen in ein lustiges Lernerlebnis, bei dem die Kinder Farben und Gegenstände wahrnehmen, benennen und sortieren müssen. So fördern Sie gleichzeitig ihre Sprache, visuelle Wahrnehmung und ihre mathematischen Vorläuferfähigkeiten.

- Sehen Sie sich im Gruppenraum um: In welcher Ecke müsste aufgeräumt werden? Fragen Sie zunächst die Kinder nach ihrer Meinung, und lassen Sie sie den Bereich nennen, in dem aufgeräumt werden müsste. (Die Bau-Ecke mit ihren großen bunten Bausteinen ist normalerweise ein guter Startpunkt.)
- Nehmen Sie einen Eimer, und bitten Sie die Kinder, alle blauen Bausteine zu suchen und in den Eimer zu legen. Machen Sie so weiter, bis alle Farben auf unterschiedliche Eimer verteilt sind.
- Wenn Obst, Gemüse und anderes Zubehör aus Kaufladen und Puppen-Ecke aufgeräumt werden soll, lassen Sie die Kinder die Sachen benennen, bevor sie sie weglegen.
- Wenn die Spielzeuge allmählich wieder dort stehen, wo sie hingehören, bitten Sie die Kinder, nach Sachen zu suchen, die in Ecken oder unter Tischen und Stühlen liegen.

Die Zeit läuft!

Für 18–36 Monate

Eine gute Gelegenheit …

für den Übergang zum Aufräumen

Das brauchen Sie

zwei leere, saubere Kunststoffflaschen gleicher Größe, feinen Sand, transparentes Klebeband, zwei quadratische Holzzuschnitte, die etwas größer als der Flaschenboden und ca. 1 cm dick sind, eine Klebepistole (nur für Erwachsene!)

So geht es

- Stellen Sie ihre eigene Sanduhr her. Dazu füllen Sie eine der Flaschen etwa zu einem Viertel mit Sand. Stellen Sie die zweite Flasche mit dem Flaschenhals auf den Flaschenhals der ersten Flasche. Verbinden Sie die Flaschenhälse mit mehreren Lagen Klebeband. Befestigen Sie an den Flaschenböden jeweils mittig ein Holzquadrat. Das funktioniert sehr gut mit einer Klebepistole.
- Testen Sie, wie lange es dauert, bis der Sand durchgelaufen ist. Kurz bevor es Zeit ist, aufzuräumen, sagen Sie den Kindern, dass Sie gleich die Sanduhr umdrehen werden. Wenn der Sand durchgelaufen ist, wird aufgeräumt.

Tipp

Stellen Sie die Sanduhr so auf, dass die Kinder sie sehen, aber nicht berühren können. Drehen Sie die Sanduhr um – und der Countdown beginnt! Auf diese Weise haben die Kinder ein visuelles Signal, das sie auf die Aufräumzeit vorbereitet. Die Sanduhr macht Zeit fassbar und konkret.

Alle machen mit!

Für 18 – 36 Monate

Eine gute Gelegenheit ...

zum Aufräumen

So geht es

- Singen Sie dieses Lied zu der Melodie von „*Ging ein Weiblein Nüsse schütteln*", oder denken Sie sich selbst eine einfache Melodie aus, während die Kinder den Gruppenraum aufräumen.

  Wir räumen jetzt das Zimmer auf, das Zimmer auf, das Zimmer auf.
  Wir räumen jetzt das Zimmer auf, bis wir fertig sind.
  Wir räumen jetzt das Zimmer auf, das Zimmer auf, das Zimmer auf.
  Wir räumen jetzt das Zimmer auf, alle machen mit.

- Üben Sie das Lied mit den Kindern gut ein, und nehmen Sie es auf Kassette oder CD auf. Lassen Sie es dann jeweils zur Aufräumzeit laufen, und ermuntern Sie die Kinder, mitzusingen.

Variante

- Wenn die Kinder Gefallen an dem Lied finden, denken Sie sich weitere Strophen aus. Zum Beispiel könnten Sie alle Spielsachen mit Namen nennen oder auch Farben und Formen erwähnen:

  Wir räumen jetzt die Autos auf ...
  Wir machen jetzt die Bücher zu ...
  Wir räumen alles Rote auf ...

Ordnung hier, Ordnung dort

Für 18–36 Monate

Eine gute Gelegenheit ...

zum Aufräumen

So geht es

- Singen Sie den folgenden Text zu der Melodie von *„Hänschen klein"*, während die Kinder den Gruppenraum aufräumen.

  Du hilfst mir, ich helf dir,
  und gemeinsam schaffen wir
  Ordnung hier,
  Ordnung dort,
  räumen alles fort.

  Bücher kommen ins Regal,
  an den Haken kommt der Schal,
  Autos hier, Puppen dort,
  räumen alles fort.

- Denken Sie sich weitere Strophen aus, evtl. helfen Ihnen die älteren Kinder dabei. Überlegen Sie, welche Dinge an welchen Ort geräumt werden müssen und setzen Sie diese in den zweiten Teil des Liedes. Singen Sie das Lied jedes Mal beim Aufräumen, damit die Kinder es verinnerlichen.

Alles in die Kiste

Für 18–36 Monate

Eine gute Gelegenheit …

zum Aufräumen

So geht es

- Singen Sie dieses Lied zu der Melodie von *„Ein Männlein steht im Walde"*, wenn es Zeit zum Aufräumen ist.

Die Autos in die Kiste, es ist so weit.
Die Autos in die Kiste, nun ist es Zeit.
Wer räumt heut die Autos ein?
Wer von euch wird das heut sein?
Wer, ja, wer von euch wird das heut sein?

Die Autos in die Kiste, es ist so weit.
Die Autos in die Kiste, nun ist es Zeit.
Wer räumt heut die Autos ein?
Heute wird es Lisa sein,
Lisa räumt die Autos, die Autos ein.

Varianten

- Wiederholen Sie den letzten Vers mit dem Namen anderer Kinder, die ebenfalls für die Autos verantwortlich sind.
- Variieren Sie das Lied für verschiedene Spielsachen.

Mach mit!

Für 18 – 36 Monate

Eine gute Gelegenheit …

zum Aufräumen

So geht es

- Ermuntern Sie die Kinder, dieses Lied zu singen, während sie die Spielsachen im Gruppenraum aufheben und wegräumen.
  Der Text passt zu der Melodie von *„Ein Jäger aus Kurpfalz"*.
  Wenn Sie die Melodie nicht kennen, denken Sie sich einfach selbst eine aus.

  Wir räumen alles auf,
  zusammen macht das so viel Spaß,
  wir räumen alles auf,
  wir räumen alles auf.

  Mach mit, mach mit,
  zusammen macht das so viel Spaß,
  wir räumen alles auf,
  wir räumen alles auf.

Tipp

Um das Lied einzuführen, könnten Sie mit den Kindern auch einen kleinen Tanz erfinden. Dabei singen die Kinder und halten sich im Kreis an den Händen. Sie gehen im Kreis herum, mal rechts herum, mal links herum. Lassen Sie die Kinder ausprobieren, welche Bewegungen ihnen gefallen. Durch das Tanzen verinnerlichen sie den Text einfacher und können ihn dann später für das Aufräumen schon gut verwenden.

Aufräum-Wettrennen

Für 18–36 Monate

Eine gute Gelegenheit ...

zum Aufräumen

Das brauchen Sie

eine Sanduhr

So geht es

- Mit einer Sanduhr können Sie das Aufräumen zu einem lustigen Wettrennen machen. (Auf Seite 24 finden Sie eine Anleitung, um eine Sanduhr selbst zu basteln.)
- Erklären Sie den Kindern, dass Sie die Sanduhr umdrehen werden. Die Kinder sollen versuchen, mit dem Aufräumen fertig zu sein, wenn der Sand durchgelaufen ist. Wenn das nicht gelingt, drehen Sie die Sanduhr noch einmal um.

Tipp

Nutzen Sie die Sanduhr auch für Übergänge, wenn es z.B. Zeit für das Frühstück wird und die Kinder ihr Spiel beenden sollen. Kündigen Sie an: *„Wenn der Sand in der Sanduhr durchgelaufen ist, werden wir frühstücken.“* So haben die Kinder eine Vorstellung davon, wann sie ihr Spiel abbrechen müssen.
Besorgen oder basteln Sie mehrere Sanduhren in verschiedenen Größen. So haben Sie für jede Gelegenheit und Dauer eine passende Sanduhr zur Hand, und die Kinder lernen allmählich verschiedene Zeiträume kennen.

Lichtspiele

Für 8 – 36 Monate

Eine gute Gelegenheit …

zum Übergänge-Einleiten

Das brauchen Sie

einen kleinen Spiegel, Sonnenlicht oder das Licht einer Taschenlampe, evtl. farbige Folien oder Transparentpapier und Klebeband

So geht es

- Wenn Sie die Aufmerksamkeit der Kinder auf sich lenken möchten, um z.B. eine neue Aktivität einzuleiten, halten Sie einen kleinen Handspiegel so auf ein Fenster oder auf einen Taschenlampenstrahl gerichtet, dass er einen hellen Lichtfleck an die Wand wirft.
- Wackeln Sie mit dem Spiegel, sodass der Fleck an der Wand, an der Decke oder auf dem Boden tanzt.
- Die Wahrscheinlichkeit ist groß, dass der Lichtfleck die Kinder in seinen Bann ziehen wird. Wenn alle still und aufmerksam sind, erklären Sie, was als Nächstes passiert.
- Die meisten Kinder werden es spannend finden, hinter dem Lichtfleck herzugehen. Strahlen Sie einfach mit der Taschenlampe neben sich an die Wand, wenn Sie z.B. in einen anderen Raum gehen möchten.

Tipp

Kleben Sie mit Klebeband farbige Folien auf die Taschenlampe, sodass der Lichtpunkt jedes Mal eine andere Farbe hat.

Flächen-Hopser

Für 18 – 36 Monate

Eine gute Gelegenheit …

zum Übergänge-Gestalten

Das brauchen Sie

Klebeband, zwei Seile, Reifen oder zwei große Teppichfliesen

So geht es

Diese Anregung ist eine nette Möglichkeit, die Kinder am Mittagstisch oder zu einem Spielkreis zu versammeln.

- Markieren Sie zwei Flächen hintereinander auf dem Boden mit etwas Abstand zueinander. Benutzen Sie dafür z.B. Klebeband, Kunststoff- oder Holzreifen, Seile, die Sie kreisförmig auslegen, oder zwei Teppichfliesen. Die Flächen weisen den Weg zum Tisch oder zum Spielkreis.
- Rufen Sie die Kinder eines nach dem anderen auf, und lassen Sie sie zum Mittagessen oder zum Spielkreis hopsen. Der Weg führt sie in die erste Fläche hinein, mit einem Hopser zur zweiten Fläche und anschließend wieder hinaus, um sich auf einen Stuhl zu setzen.

Tipp

Je älter die Kinder sind, desto weiter können sie springen, und natürlich macht es ihnen dann auch Spaß, noch mehr Hopser zu machen als nur zwei.

Was kommt als Nächstes?

Für 12–36 Monate

Eine gute Gelegenheit ...

zum Übergänge-Einleiten

So geht es

- Kleine Kinder müssen immer wieder an feste Abläufe erinnert werden. Kündigen Sie den Kindern daher kurz vor dem Übergang von einer Aktivität zur nächsten an, was als Nächstes kommt. Das ist besonders dann angebracht, wenn es bald Zeit ist, aufzuräumen, sich zum Essen zu sammeln oder sich zum Rausgehen anzuziehen.
- Geben Sie den Kindern einfache Anweisungen, was sie als Nächstes tun sollen. Gehen Sie z.B. fünf Minuten vor dem Aufräumen durch den Raum, und sagen Sie den Kindern, dass es bald Zeit zum Aufräumen ist.
- Erinnern Sie die Kinder während des Aufräumens daran, was zu tun ist. Sagen Sie ihnen, was sie tun oder wohin sie gehen sollen, wenn sie mit dem Aufräumen fertig sind. Sie könnten z.B. sagen: *„Wenn du mit den Bausteinen fertig bist, kannst du dir die Jacke fürs Rausgehen anziehen."*

Tuff, tuff, tuff, die Eisenbahn!

Für 6 – 36 Monate

Eine gute Gelegenheit …

zum Übergänge-Gestalten

Das brauchen Sie

Trillerpfeife, Schaffnermütze

So geht es

Diese spielerische Art des Übergangs passt besonders gut, wenn Sie gerade die Eisenbahn und alles, was dazugehört, thematisieren.

- Kündigen Sie einen Ortswechsel, z.B. in den Garten, oder den Übergang zu einer anderen Aktivität an: Setzen Sie sich die Schaffnermütze auf, und lassen Sie die Trillerpfeife ertönen. Die Kinder werden bald wissen, was dieses Signal bedeutet.
- Gehen Sie mit „*Tuff, tuff, tuff*" voran, und „sammeln" Sie die Kinder ein, die sich an den Schultern festhalten und so einen langen Zug bilden.
- Wer noch nicht laufen kann, aber schon krabbelt, hält sich am Hosenbein eines Kindes fest oder krabbelt einfach hinterher.
- Tragen Sie die Kinder, die noch gar nicht laufen können, oder fahren Sie sie in einem kleinen Sportwagen mit ins nächste Zimmer.
- Steuern Sie gemeinsam mit lautem „*Tuff, tuff, tuff*" zur nächsten Aktivität.

Hör mir zu!

Für 12 – 24 Monate

Eine gute Gelegenheit …

zum Übergänge-Einleiten

So geht es

- Wenn Sie die Aufmerksamkeit der Kinder auf sich lenken wollen, sagen Sie den folgenden Vers, und demonstrieren Sie die zugehörigen Bewegungen. Die Kinder werden die Bewegungen bald mitmachen.

  Wenn du mir zuhörst, fass dir an den Kopf.
  Wenn du mir zuhörst, fass dir an den Kopf, fass dir an den Fuß.
  Wenn du mir zuhörst, fass dir an den Kopf, fass dir an den Fuß,
  wenn du mir zuhörst, fass dir an die Nase.

- Fügen Sie immer mehr Körperteile hinzu, bis alle Kinder mitmachen. Dies ist eine lustige Methode, die Wörter für die Körperteile zu lernen. Zugleich trainieren die Kinder spielerisch ihre Merkfähigkeit.

Tipp

Nehmen Sie sich jeweils ein jüngeres Kind auf den Schoß, wenn Sie das Lied singen. So lernt es mit Ihnen gemeinsam die Bewegungen und fühlt sich zugleich wohlbehütet.

Zeig auf ...

Für 12–36 Monate

Eine gute Gelegenheit ...

zum Übergänge-Einleiten

So geht es

- Wenn Sie die Aufmerksamkeit der Kinder auf sich lenken wollen, sagen Sie die folgenden Verse auf:

Zeig auf das Fenster,
zeig auf die Tür.
Zeig auf den Boden
und auf die Wand.

Zeig auf deine Schulter,
zeig auf dein Knie.
Zeig auf deine Nase
und auf mich.

Variante

- Mit der oben beschriebenen Aktivität erweitern die Kinder ihren Wortschatz im Bereich *„Zimmer"* und im Bereich *„Körperteile"*. Sie lässt sich aber auch auf alle möglichen anderen Bereiche anwenden, z.B. auf Sachen im Freien. Sprechen Sie hierzu beispielsweise:

Zeig auf den Himmel,
zeig auf die Erde.
Zeig auf die Wolken
und auf den Baum.

Trommeltruppe

Für 18 – 36 Monate

Eine gute Gelegenheit …

zum Übergänge-Einleiten

Das brauchen Sie

eine oder mehrere große Trommeln, kindersichere Plastikhämmer oder Trommelschlägel; evtl. noch: Kunststoff-Blumentöpfe, Transparent- oder Butterbrotpapier, etwas Leim-Kleister-Gemisch, Klebeband

So geht es

- Geben Sie einem Kind einen Kinderhammer. Damit kann es auf einer Trommel einen Rhythmus schlagen.
- Verteilen Sie weitere Hämmer an andere Kinder. Sie können versuchen, den Rhythmus aufzunehmen und sich daran zu beteiligen.
- Lassen Sie die Kinder der Reihe nach die Trommel schlagen, wenn sie sich für eine Gruppenaktivität treffen sollen.
- Setzen Sie die Trommel ein, wenn Sie die Kinder zu den Mahlzeiten, zum Aufräumen usw. rufen.

Tipp

Basteln Sie mit den Kindern kleine Trommeln selbst, z.B. aus Blumentöpfen (Kunststoff) und Transparent- oder Butterbrotpapier. Das Papier wird mit Leim-Kleister-Gemisch über den Blumentopf geklebt. Durch den wasserhaltigen Kleber weicht das Papier etwas auf und lässt sich gut spannen. Kleben Sie nach dem Trocknen evtl. noch ein paar Klebestreifen rund um den Abschluss des Papiers, dass es sich nicht löst.

Ja oder Nein?

Für 24–36 Monate

Eine gute Gelegenheit ...

zum Übergänge-Gestalten, zum Wartezeiten-Überbrücken

So geht es

- Erklären Sie den Kindern, dass Sie mit ihnen das „Ja-Nein"-Spiel spielen werden.
- Beginnen Sie, Fragen zu stellen. Es müssen jedoch Fragen sein, die nur mit *„Ja"* oder *„Nein"* beantwortet werden können. Suchen Sie für den Anfang Fragen aus, auf die es ganz eindeutige Antworten gibt. Hier sind einige Beispiele:

  Ist der Himmel grün?
  Hast du zwei Augen?
  Ist Schnee warm?
  Hast du eine Jacke an, wenn du badest?
  Haben Hunde Schwänze?
  Kannst du die Knie beugen?
  Macht ein Bär „Miau"?
  Trägst du Fausthandschuhe an den Füßen?

- Die Kinder antworten Ihnen im Chor.

Tipp

Sie können die Kinder auch der Reihe nach fragen. Wenn ein Kind geantwortet hat, ist es dran mit Händewaschen, mit Tasche holen usw. So können Sie dieses Spiel auch dazu benutzen, Ihre Gruppe bei bestimmten Alltagsaktivitäten zu organisieren und Gedrängel zu umgehen.

Der Zauberstab

Für 6 – 24 Monate

Eine gute Gelegenheit …

zum Übergänge-Gestalten

Das brauchen Sie

einen Zauberstab (z.B. eine Papprőhre oder einen Holzstab, mit Glitter und Luftschlangen verziert)

So geht es

Diese Aktivität ist als kleines Zwischenspiel vor allem für Übergänge von einer Phase des Tages zur nächsten geeignet. Sie ist sehr einfach, doch sie wirkt Wunder!

- Wenn die Kinder sich auf eine neue Aktivität vorbereiten und zur Ruhe kommen sollen, schwingen Sie Ihren Zauberstab und sagen:

  Abrakadabra, mille punde.
  Alle Kinder sind jetzt Hunde!
  Puff!

- Die Kinder beginnen, zu bellen, und benehmen sich wie Hunde.
- Wenn Sie *„Stopp!"* rufen, verharren sie in der Haltung, die sie gerade eingenommen haben.
- Schwingen Sie Ihren Zauberstab, und verwandeln Sie die Kinder in ein anderes Tier oder einen Gegenstand. Ändern Sie einfach den Reim entsprechend: pasen/Hasen, puhl/Stuhl, patzen/Katzen usw.
- Vergessen Sie nicht, sie wieder in Kinder zu verwandeln, wenn Sie das Spiel zu Ende bringen wollen!

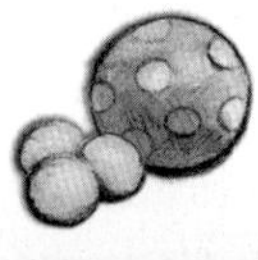

Spielen und Entdecken

In diesem Kapitel finden Sie unaufwändige Ideen zum Spielen und Spaß haben: Die Anregungen zum **Experimentieren** und **Entdecken**, **Bewegen**, **Wahrnehmen** und **Gestalten** lassen sich immer wieder zwischendurch in Ihren gemeinsamen Alltag integrieren.

Nehmen Sie die Ideen zum Anlass, um den Kindern immer wieder vielfältige **Lernanreize** zu geben, bei denen Sie die Motorik, Wahrnehmung und Kreativität der Kleinen spielerisch fördern können.

Geschenke-Werkstatt

Für 24–36 Monate

Eine gute Gelegenheit ...

als Kreisspiel zwischendurch oder wenn die Kinder Lust haben, zu basteln

Das brauchen Sie

Pappkartons in unterschiedlichen Größen, Geschenkpapier oder einfarbiges Packpapier, Geschenkbänder und -rosetten, Farbstifte und Wachskreiden, weißer Fotokarton (DIN A5), auf die Hälfte gefaltet, transparentes Klebeband

So geht es

- Breiten Sie alle Materialien auf einem kleinen Tisch aus.
- Die Kinder suchen sich je einen Karton und Papier aus und legen ihr Papier vor sich hin und den Karton darauf. Nun verpacken sie ihre Kartons und verzieren sie mit Bändern und Malereien. Aus den gefalteten Blättern gestalten sie Geburtstagskarten und hängen sie an die „Geschenke“.
- Das Geschenke-Packen ist eine kleine feinmotorische Herausforderung für die Kinder. Gelingt es einem Kind, selbst eine Schachtel zu verpacken, ist das ein richtiges Erfolgserlebnis für das Kind. Freuen Sie sich mit ihm und loben Sie es ausgiebig.

Tipp

Führen Sie dieses Geschenkebasteln als Ritual ein, um ein Kreisspiel zu spielen. Sie könnten z.B. jeden Monat einmal im Kreis gute Wünsche verteilen. Die Kinder schenken ihr selbst gepacktes Geschenk einem anderen Kind und sagen: *„Ich wünsche dir ...“* Natürlich darf man sich auch selbst etwas wünschen.

Fingerscheren

Für 18–36 Monate

Eine gute Gelegenheit …

zum Spielen zwischendurch, als Einstimmung auf ein Bastelangebot

Das brauchen Sie

kindersichere Scheren

So geht es

- Üben Sie den folgenden Vers und die Schneide-Handbewegung – zunächst aber ohne Schere. Lassen Sie die Kinder dabei die Bewegung mit beiden Händen zum Vers vormachen:

  So geht die Schere auf und zu,
  auf und zu, auf und zu.
  Vier Finger unten, den Daumen obendrauf,
  dann geht die Schere zu und auf, zu und auf.

- Können die Kinder diese kleine Trockenübung schon ganz gut, geben Sie ihnen Scheren und lassen Sie sie die Bewegungen nun passend zum Vers mit der Schere machen.
- Sprechen Sie den Kindern diesen Vers vor, wenn sie das nächste Mal mit Scheren hantieren und ermuntern Sie sie, ihn nachzusprechen.

Bingo!

Für 24 – 36 Monate

Eine gute Gelegenheit ...

ein Wahrnehmungsspiel für zwischendurch

Das brauchen Sie

einen Fotoapparat, einen Drucker, Fotokarton (eine DIN-A5-Karte je Kind), Tonpapier, Filzstift, Kleber, eine Schere, klare Selbstklebefolie oder ein Laminiergerät

So geht es

- Drucken Sie von jedem Kind ein Porträtfoto 6-mal in Passbildgröße aus.
- Unterteilen Sie die Fotokartonkarten in sechs gleich große Felder, und kleben Sie je ein Foto von verschiedenen Kindern in die Felder. Das sind Ihre Bingo-Karten. Halten Sie je ein Foto von jedem Kind als Ansagekarte zurück.
- Schneiden Sie aus Tonpapier sechs Kreise pro Kind aus, die groß genug sind, um die einzelnen Fotos vollständig abzudecken. Diese Kreise sind die Bingo-Chips. Kleben Sie die übrig gebliebenen Fotos auf etwas größere Fotokartonrechtecke auf. Das sind Ihre Ansagekarten.
- Beziehen Sie die einzelnen Bestandteile des Spiels mit Selbstklebefolie, oder laminieren Sie sie.

Die Spielregeln

Jedes Kind erhält eine Fotokarte und sechs Bingochips. Sie zeigen nun eines Ihrer Fotos. Wer genau das gleiche Foto auf seiner Karte entdeckt, ruft *„Bingo"* und legt einen Chip darauf. Wer zuerst sechs Chips auf seiner Karte hat, ist der Sieger.

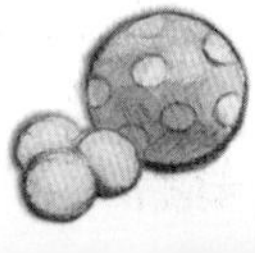

Wo ist dieses Ding?

Für 18 – 36 Monate

Eine gute Gelegenheit …

ein Wahrnehmungsspiel für zwischendurch

Das brauchen Sie

einen Fotoapparat, einen Drucker, Fotokarton

So geht es

Dieses Spiel schärft die visuelle Wahrnehmung. Das Kind übt, einen zweidimensionalen Gegenstand auf einem Foto mit einem dreidimensionalen realen Gegenstand in Verbindung zu setzen.

- Fotografieren Sie verschiedene Gegenstände im Raum, und drucken Sie sie aus.
- Kleben Sie die Fotos jeweils auf eine Karte aus Fotokarton.
- Geben Sie jedem Kind ein Foto zum Anschauen.
- Ermuntern Sie die Kinder, sich im Raum umzusehen und nach dem Gegenstand auf ihrem Foto zu suchen.

Tipp

Führen Sie diese „Schatzsuche" immer wieder durch, wenn Sie merken, dass Kinder sich im Freispiel wenig orientieren können. Manche Kinder finden nichts zum Spielen und wissen nicht, was sie interessieren könnte. Mit dem Spiel lernen sie zunächst einmal ihre räumliche Umgebung und die Spielsachen in der Krippe gut kennen.

Liederkorb

Für 24–36 Monate

Eine gute Gelegenheit …

im Morgenkreis, zum Übergänge-Gestalten

Das brauchen Sie

Blanko-Karteikarten oder Fotokarton in DIN A6 bis DIN A7, Filzstifte oder Aufkleber, einen Korb oder eine Stofftasche, einen Klebstift

So geht es

- Basteln Sie Liederkarten für die Kinderlieder, die die Kinder kennen.
- Schreiben Sie den Titel eines Liedes auf eine Seite einer Karteikarte. Malen Sie auf der anderen Seite ein passendes Bild dazu, oder kleben Sie ein passendes Foto oder einen Aufkleber auf.
  Für „*Weißt du, wie viel Sternlein stehen*" könnte das ein glänzender Stern sein, für „*Alle meine Entchen*" eine Entenschar usw.
- Legen Sie die Karten in einen Korb oder eine Stofftasche.
- Beim Morgenkreis, bei Übergängen oder zu anderen gemeinsamen Zeiten darf er dann zum Einsatz kommen: Lassen Sie ein Kind eine Karte aus dem Korb ziehen. Es sieht sich das Bild an und errät den Liedtitel. Die Gruppe singt dieses Lied dann zusammen.

Kuckuck

Für 3–18 Monate

Eine gute Gelegenheit ...

beim Wickeln oder immer mal wieder zwischendurch

So geht es

- Wenn Sie mit einem Baby sprechen oder Spiele wie *„Kuckuck"* mit ihm spielen, achten Sie immer auch auf die Reaktionen des Kindes. Wenn Sie z.B. *„Kuckuck"* mit ihm spielen und das Baby die Hand ausstreckt, fassen Sie es bei der Hand, oder lassen Sie das Baby mit der Hand zeigen, was es berühren will.
- Wenn das Baby lacht, könnten Sie z.B. etwas über den Grund für sein Lachen sagen. Oder wenn es die Hand nach etwas ausstreckt, könnten Sie sagen: *„Das wird dir bestimmt gefallen."*
- Das hilft dem Kind, zu verstehen, dass es durch seine Laute oder seine Bewegungen Reaktionen hervorrufen kann.
- Wenn das Baby brabbelt, reden Sie mit ihm. Geben Sie ihm zu verstehen, dass Sie seine Sprachversuche ernst nehmen, und unterstützen Sie es, indem Sie es aufmunternd ansehen und die Worte, die Sie tatsächlich verstehen, deutlich nachsprechen.
- Wenn Sie mit einem Kind interagieren, lernen Sie, seine Signale zu interpretieren, und können entsprechend reagieren.

Zeig mal!

Für 6–12 Monate

Eine gute Gelegenheit …

im Freispiel oder immer mal wieder zwischendurch

So geht es

- Setzen Sie das Kind auf Ihren Schoß. Zeigen Sie auf Ihre Nase, Ihren Mund, Ihre Augen. Sagen Sie *„Nase“*, *„Mund“*, *„Augen“*. Zeigen Sie auch auf Ihre Zehen und Finger.
- Es kann sein, dass Sie dem Kind beibringen müssen, wie man zeigt. Nehmen Sie seine Hand in Ihre, und führen Sie sie. Wenn ein Kind z.B. an einem bestimmten Körperteil Interesse zeigt, zupfen Sie seinen Zeigefinger hervor und führen ihn dorthin.
  Sagen Sie: *„Siehst du, hier ist mein Ohr.“*
- Lesen Sie gemeinsam ein Buch, und zeigen Sie auf die Bilder.
  Oder nehmen Sie das Kind auf den Arm, gehen Sie umher und zeigen Sie auf Bilder an den Wänden. Vergessen Sie nicht, alles zu benennen.
  Sagen Sie z.B.: *„Sieh dir dieses Bild von einem Ball an. Der Ball ist rot.“*
  Legen Sie dabei Ihren Finger direkt auf den Ball auf dem Bild.
- Anfangs zeigen Sie auf Sachen in unmittelbarer Nähe, z.B. Körperteile. Gehen Sie dann weiter zu Sachen, die weiter entfernt sind. Achten Sie darauf, dass das Kind seinen Blick auf das richtet, worauf Sie zeigen. Vielleicht übertreiben Sie es ein bisschen und drehen Ihren Kopf ganz deutlich in die Richtung, in der der Gegenstand zu sehen ist. Wenn Sie z.B. aus einem Fenster sehen, zeigen Sie und sagen:
  „Sieh mal, da draußen ist ein Hund. So ein lustiger Hund.“

Spiel mit Namen

Für 18 – 36 Monate

Eine gute Gelegenheit …

im Freispiel oder immer mal wieder zwischendurch

So geht es

- Spielen Sie Namensspiele mit den Kindern.
  Stellen Sie Fragen wie: *„Wo ist Sarah?"* oder *„Wo ist der Hochstuhl?"*
- Ermuntern Sie die Kinder, auf die Person oder den Gegenstand zu zeigen.
- Denken Sie sich kleine Geschichten zu Namen von Gegenständen aus, z.B.: *„Das ist der Hochstuhl. Er ist so hoch, weil er so gerne den Kindern beim Spielen zu sieht"* oder *„Hallo, Teller. Jetzt kriegst du gleich leckeres Essen. Aber bitte, lass etwas übrig für das hungrige Kind!"*
- Motivieren Sie die Kinder, sich neue Namen für Dinge auszudenken. Häufig finden sie viel treffendere Namen, als sie in unserer Sprache festgelegt sind.

Tipp

Mit diesem Spiel können Sie ganz nebenbei Zusammenhänge zwischen einem Gegenstand und seiner Bedeutung bzw. seinem Zweck erklären, z.B. der Hochstuhl ist hoch, der Teller ist zum Essen da usw.

Bilderwand

Für 6–24 Monate

Eine gute Gelegenheit …

im Freispiel

Das brauchen Sie

Zeitschriften, Kataloge, Grußkarten, alte Kalender, eine Schere (nur für Erwachsene), Klebeband, transparente Selbstklebefolie oder ein Laminiergerät

So geht es

- Suchen Sie sich für jeden Monat oder jede Jahreszeit ein Thema aus.
- Schneiden Sie Bilder aus, die mit dem Thema zu tun haben, und bekleben Sie sie mit Selbstklebefolie oder laminieren Sie sie, um sie haltbarer zu machen. Hier sind ein paar Tipps für mögliche Themen und Bilder:

  Transport ➛ Autos, Züge, Fahrräder, Motorräder, Schiffe
  Tiere ➛ Kühe, Hunde, Katze, Pferd, Vogel
  Kleidung ➛ Hemd, Hose, Jacken, Schuhe, Stiefel

- Befestigen Sie die Bilder auf Augenhöhe der Kinder an der Wand.
- Sprechen Sie mit den Kindern über Einzelheiten auf den Bildern.

Tipp

Bewahren Sie die Bilder in einer Schachtel auf, die für die Kinder erreichbar ist, z.B. in der Bücherecke. So können sich die Kinder die Bilder immer wieder ansehen und sich an die Aktivitäten erinnern.

Bewegungswörter

Für 6–24 Monate

Eine gute Gelegenheit ...

im Freispiel oder immer mal wieder zwischendurch

Das brauchen Sie

Stofftiere, Spielzeugautos, Sachen aus dem Gruppenraum

So geht es

- Schieben Sie, während Sie mit einem Kind spielen, ein Stofftier, z.B. einen Bären, vor sich. Sagen Sie: *„Der Bär sitzt vor mir."*
- Flechten Sie weitere Bewegungs- und Positionswörter in Ihre Unterhaltung ein, z.B. bewegen, gehen, auf, hinter, vor, neben usw.
- Verwenden Sie diese Wörter auch, wenn Sie einen Spaziergang machen.

Tipp

Gewöhnen Sie sich an, Bewegungen, Positionen, aber auch Mengen und Zahlen zu benennen. Die Kinder verinnerlichen so den Begriff mit der Aktivität, die Sie oder sie selbst machen.

Ein ganz besonderes Bilderbuch

Für 6–36 Monate

Eine gute Gelegenheit …

immer mal wieder zwischendurch

Das brauchen Sie

ein Fotoalbum mit Plastikbezug, Seiten aus fester Pappe, bunte Bilder aus Zeitschriften oder Katalogen, transparentes Klebeband

So geht es

- Sammeln Sie Bilder, die zu einem Thema passen, z.B. Tiere, Blumen, Fahrzeuge, vertraute Gegenstände (Kleidung, Möbel), oder zu einer Tätigkeit, z.B. Laufen oder Segeln.
- Schneiden Sie die Bilder aus, und legen Sie sie jedes für sich auf die Seiten eines Fotoalbums.
- Sichern Sie die Ränder zusätzlich mit Klebeband.
- Verwenden Sie dieses Bilderbuch, um den Wortschatz der Kinder zu erweitern und die Kinder zum Sprechen anzuregen.

Tipp

Arbeiten Sie regelmäßig zu festen Zeitpunkten mit den Kindern an den besonderen Bilderbüchern. Je nach Interessen der Kinder und Themen, die gerade in Ihrer Krippe aktuell sind, entsteht so allmählich eine richtige Bilderbuchsammlung.

Auf Sachensuche

Für 18 – 36 Monate

Eine gute Gelegenheit …

im Freispiel oder zwischendurch

So geht es

- Ermuntern Sie die Kinder, das folgende Lied zu der Melodie von „*Grün, grün, grün, sind alle meine Kleider*" zu singen:

  Kommt, kommt, kommt, wir geh'n auf Sachensuche,
  kommt, kommt, kommt, das macht bestimmt viel Spaß.
  Komm, wir suchen hier in diesem Zimmer
  und wir nehmen ein … mit.

  (Setzen Sie den ausgewählten Gegenstand ein.)

- Während die Kinder singen, gehen Sie mit ihnen durch den Raum und sehen sich nach Gegenständen um.
- Wenn Sie bei der letzten Zeile angekommen sind, bleiben Sie stehen und zeigen auf etwas. Sie können auch ein Kind auf einen Gegenstand zeigen lassen.
- Ergänzen Sie in der letzten Liedzeile das Wort für den ausgesuchten Gegenstand (z.B. Hund, Auto, Tisch, Lampe, Apfel). Wiederholen Sie das Wort: „*Ja, das ist ein Apfel.*"
- Lassen Sie die Kinder das Wort wiederholen und so die letzte Zeile im Lied vervollständigen.

Mein ABC-Buch

Für 30 – 36 Monate

Eine gute Gelegenheit …

immer mal wieder zwischendurch

Das brauchen Sie

Kataloge, Zeitschriften und Fotos, 15 Blatt Fotokarton (DIN A5), Filzstifte, transparente Selbstklebefolie oder ein Laminiergerät, einen Locher, ein Band

So geht es

- Schneiden Sie Abbildungen aus Zeitschriften und Katalogen aus, die Gegenstände zeigen, die mit den Buchstaben des Alphabets, beginnen.
- Ergänzen Sie die Abbildungen durch Fotos, die z.B. Stofftiere und andere Spielsachen der Kinder zeigen.
- Schreiben Sie auf jede Buchseite einen Buchstaben des Alphabets, und kleben Sie Bilder und Fotos dazu, die mit diesem Buchstaben anfangen. Auf den Bucheinband könnten Sie ein Foto von der Gruppe aufkleben und *„Unser ABC-Buch“* darauf schreiben.
- Bekleben Sie jede Seite mit klarer Selbstklebefolie, oder laminieren Sie sie.
- Lochen Sie die Seitenränder, und ziehen Sie ein Band hindurch. Sie können die Seiten auch im Kopierladen zu einem Spiralbuch binden lassen.
- Sehen Sie das Buch mit den Kindern gemeinsam an, und überlassen Sie es ihnen dann für die Bücherecke. Die ersten Berührungen mit Buchstaben sind rein spielerischer Natur und unterstützen die Freude der Kinder am Laute-Bilden.

Interview für später

Für 18–36 Monate

Eine gute Gelegenheit …

immer mal wieder zwischendurch

Das brauchen Sie

ein Klemmbrett, Papier einen Stift

So geht es

- Gehen Sie zu einem Kind, wenn es in einem Spielbereich beschäftigt ist. Sehen Sie ihm eine Weile zu. Sagen Sie: „*Erzähl mir, woran du gerade arbeitest.*“ Hören Sie gut zu, und lassen Sie das Kind eine Weile frei erzählen. Es wird merken, dass es Ihnen gefällt, weil Sie Interesse zeigen.
- Fragen Sie das Kind, ob Sie aufschreiben dürfen, was es Ihnen erzählt, weil Sie ihm helfen möchten, sich später daran zu erinnern. Manche Kinder werden reden wie der sprichwörtliche Wasserfall. Versuchen Sie, so viele Wörter wie möglich zu notieren.
- **Das ist wichtig:** Fragen Sie Kinder nie, was sie „machen“, im Sinne von „etwas produzieren“, weil sie dann das Gefühl bekommen, dass es „etwas“ sein muss.
- Lesen Sie dem Kind immer auch vor, was Sie geschrieben haben. Zeigen Sie dabei auf die Wörter. So erkennen Kinder die Verbindung zwischen geschriebener und gesprochener Sprache, fangen außerdem an, über ihre Arbeit nachzudenken, und bekommen einen ersten Eindruck davon, dass Bilder und Gegenstände etwas darstellen können. Dies ist ein erster wichtiger Schritt hin zum Lesen und Schreiben.

Post für dich!

Für 18 – 36 Monate

Eine gute Gelegenheit ...

zum Spielen zwischendurch

Das brauchen Sie

Toilettenpapierrollen als Briefkasten für jedes Kind, von jedem Kind ein kleines Foto, zwei Körbe oder Kisten, Briefumschläge, Notizpapier, Aufkleber und Farbstifte

So geht es

- Basteln Sie für jedes Kind einen Briefkasten, z.B. aus Toilettenpapierrollen oder kleinen Pappschachteln (wenn möglich, basteln Sie die Briefkästen mit den Kindern gemeinsam). Kleben Sie ein Foto des stolzen Briefkastenbesitzers darauf. Zeigen Sie den Kindern, wie sie ihre Briefkästen anhand der Fotos wiederfinden können.
- Legen Sie Papier, Farbstifte und Aufkleber in einen Korb im Gruppenraum. Ermuntern Sie die Kinder, ihren Freunden kleine Briefe zu „schreiben" und sie ihnen in den Briefkasten zu stecken. Die Fotos werden ihnen helfen, den richtigen Kasten zu finden.

Variante

- Stellen Sie auch einen Korb mit Papier, Farbstiften und Aufklebern außerhalb des Gruppenraumes auf, wo die Familien auf die Kinder warten, um sie abzuholen. Hängen Sie ein kleines Schild neben den Korb, auf dem Sie die Familien einladen, ihren Kindern kleine Nachrichten und Wünsche zu schreiben.

Stopp!

Eine gute Gelegenheit …

zum Draußen-Spielen

Das brauchen Sie

zwei Holzstäbe, roten und grünen Fotokarton, Filzstifte, einen Tacker, eine Schere (nur für Erwachsene)

So geht es

- Basteln Sie zwei große Schilder mit einem roten und einem grünen Kreis, die Sie aus Fotokarton ausschneiden.
- Schreiben Sie „*Stopp*" auf das rote Schild, und tackern Sie die Kreise jeweils an einen langen Holzstab.
- Wenn Sie mit den Kindern im Außenbereich spielen, geben Sie ihnen Bobbycars und andere Fahrzeuge. Stellen Sie sich mit Ihren Schildern an einen potenziellen Unfallschwerpunkt, z.B. eine Kreuzung, und regeln Sie den Verkehr.
- Erklären Sie den kleinen Verkehrsteilnehmern zuvor, dass das rote Schild „*Anhalten*" bedeutet und das grüne Schild „*Weiterfahren*".
- Während die Kinder lernen, Regeln zu befolgen, die in der Gemeinschaft gelten, prägen Sie sich zugleich zwei Farben und deren Namen ein.

Verkehrt-herum-Tag

Für 24–36 Monate

Eine gute Gelegenheit …

zum Draußen-Spielen

So geht es

- Räumen Sie bei gutem Wetter Sachen in den Außenbereich, die normalerweise drinnen stehen. Bringen Sie Tische, Bausteine, die Verkleidungskiste und anderes Spielzeug nach draußen.
- Lassen Sie einige Sachen im Gruppenraum, sodass die Kinder durch die Veränderung nicht völlig aus der Bahn geworfen werden. Lassen Sie sie für kurze Zeit drinnen spielen, und erklären Sie ihnen dann, dass Sie heute einen „Verkehrt-herum-Tag" haben.
- Ermuntern Sie die Kinder, mit den Spielsachen draußen zu spielen. Veranstalten Sie ein Picknick mit kleinen Leckereien als Zwischenmahlzeit.
- Vielleicht haben die Kinder selbst noch weitere Ideen für den Verkehrt-herum-Tag. Jedenfalls werden sie mit Begeisterung bei der Sache sein. Verkehrt herum machen alle Spiele noch mehr Spaß!

Gesichter zum Anbeißen

Für 24 – 36 Monate

Eine gute Gelegenheit …

zum Frühstücken oder Mittagessen

Das brauchen Sie

einen Teller, eine Tischplatte oder einen Hochstuhltisch, verschiedene Lebensmittel, die die Kinder gefahrlos essen können und die die Eltern gutheißen (z.B. Frühstücksflocken, Käsestreifen, Traubenscheiben, Apfelschnitze, geraspelte Möhren oder Käse, Blaubeeren, Salzstangen)

So geht es

- Versuchen Sie, Snacks und andere Mahlzeiten fantasievoll zu präsentieren. Machen Sie ein lustiges Gesicht aus Obst und Gemüse, entweder auf der Tischplatte oder auf einem Teller.
- Geben Sie dem Gesicht leckere Augen, Nase, Mund und Haare: Traubenscheiben sind bestens für Augen geeignet, eine abgebrochene Salzstange ist die Nase, aus Käsestreifen lässt sich ein Mund legen, die Ohren sind aus Apfelschnitzen, und geraspelte Möhren ergeben eine schicke Frisur.
- Die Kinder werden großen Spaß daran haben, das Gesicht nach und nach aufzuessen, vor allem, wenn Sie dabei Quatsch machen und rufen: *„Nein, lass meine Nase in Ruhe, iss meine Nase nicht auf!“*
- Lassen Sie die Kinder selbst ein Gesicht aus allen möglichen essbaren Zutaten legen und dann aufessen.

Tischlein deck dich!

Für 18–36 Monate

Eine gute Gelegenheit ...

zum Essen

Das brauchen Sie

buntes DIN-A4-Papier, Farbstifte, farbige Papierschnipsel, Wachskreiden, Klebstifte, ein Laminiergerät

So geht es

- Helfen Sie den Kindern, sich Tischsets für die Zwischenmahlzeiten zu basteln.
- Schreiben Sie den Namen des Kindes in die Mitte des Blattes. Ermuntern Sie die Kinder, die Fläche rings um den Namen zu bemalen und zu bekleben.
- Laminieren Sie die Blätter dann.
- Zur Essenszeit darf ein Kind die Tischsets nacheinander hochhalten. Wer seines erkennt, holt es sich ab und setzt sich an den Tisch. Jeden Tag ist ein anderes Kind an der Reihe, die Tischsets hochzuhalten.
- Die Kinder werden sehr stolz auf ihre Kunstwerke sein. Sie machen die Zwischenmahlzeiten zu etwas ganz Besonderem und auch das Aufräumen macht so mehr Spaß.

Schnee in der Nacht

Für 24–36 Monate

Eine gute Gelegenheit ...

zum kreativen Gestalten zwischendurch

Das brauchen Sie

schwarzes Tonpapier, weiße Tafel- oder Straßenkreide, eine Schüssel, zwei Becher, Wasser, Zucker

So geht es

- Lesen Sie Bücher über Schnee und Winter mit den Kindern.
- Mischen Sie einen Becher Zucker mit zwei Bechern Wasser, und legen Sie die Kreiden mindestens eine Stunde hinein.
  Holen Sie sie erst kurz vor der Beschäftigung heraus, und tupfen Sie sie nur leicht ab, damit sie nicht tropfen.
- Geben Sie jedem Kind einen Bogen schwarzes Bastelpapier und eine Kreide. Ermuntern Sie die Kinder, mit der Kreide auf das schwarze Papier Schnee zu tupfen.
- Die Kinder können noch weitere Wintermotive mit der Kreide auf das Bastelpapier malen: einen Schneemann, einen Baum, Tiere usw.

Gut zu wissen

Die Farbkombination – weiße Zeichnung auf schwarzem Grund – ist für junge Kinder sehr reizvoll, weil sie sich von den üblichen dunklen Strichen auf hellem Grund abhebt.
Die „Zuckerkreide" trägt sich sehr farbintensiv und deckend auf und bleibt als leuchtendes Weiß erhalten.

Unterwegs

Für 24–36 Monate

Eine gute Gelegenheit ...

zum Spielen und Spaß haben zwischendurch

Das brauchen Sie

Stühle

So geht es

- Kinder tun sehr gerne so, als wären sie irgendwohin unterwegs. Greifen Sie dieses kindliche Spiel auf, und stellen Sie die Stühle wie die Sitzreihen in einem Auto auf. Die Kinder spielen, dass sie die Tür aufmachen, einsteigen und hinter sich schließen.
- Fordern Sie sie auf, sich anzuschnallen. Dann geht die Fahrt los.
- Zeigen Sie den Kindern, wie man ein imaginäres Lenkrad dreht. Neigen Sie Ihren Körper von einer Seite zur anderen, wenn Sie um eine Kurve fahren.
- Sprechen Sie über all die Sachen, die Sie unterwegs sehen. Denken Sie auch daran, an Ampeln zu halten!
- Wenn Sie wieder nach Hause kommen, erinnern Sie die Kinder daran, dass sie ihre Gurte lösen, die Tür aufmachen und hinter sich wieder schließen müssen.

Variante

- Wenn die Kinder Interesse an diesem Spiel zeigen, unternehmen Sie mit ihnen auch imaginäre Boots- oder Busfahrten oder Flüge.

Theater, Theater

Für 24–36 Monate

Eine gute Gelegenheit ...

im Freispiel oder zwischendurch

Das brauchen Sie

eine einfache Geschichte, die die Kinder kennen; Streifen aus Tonpapier, Filzschreiber, einen Hut, eine Auswahl an einfachen Kostümen, die zu der Geschichte passen

So geht es

- Schreiben Sie die Namen der Figuren, die in der Geschichte vorkommen, auf Papierstreifen. Wenn möglich, zeichnen Sie etwas dazu, damit die Kinder schon erkennen, welcher Name darauf steht. Legen Sie die Streifen in einen Hut.
- Die Kinder versammeln sich im Kreis. Stellen Sie den Hut und eine Kiste mit einfachen Kostümen dazu.
- Sprechen Sie mit den Kindern die Handlung der Geschichte durch, und erläutern Sie ihnen, dass sie sich als die Figuren in der Geschichte verkleiden und so Teil der Geschichte sein werden. Jeder von ihnen bekommt eine Rolle in der Geschichte. Spielen die Kinder mehrmals, wechseln sie sich in den Rollen ab.
- Reichen Sie den Hut mit den Namensstreifen herum.
- Wenn die Kinder sich einen Namen aus dem Hut gezogen und Sie ihnen den Namen vorgelesen haben, verkleiden sie sich mit den Sachen in der Kiste.
- Lesen Sie den Kindern die Geschichte vor, oder erzählen Sie sie, und lassen Sie die Kinder dazu oder danach spielen.

Leichte Bauarbeiten

Für 12–36 Monate

Eine gute Gelegenheit ...

im Freispiel zwischendurch

Das brauchen Sie

Bausteine, selbstklebendes Klettband

So geht es

- Bekleben Sie die einzelnen Bausteine an verschiedenen Stellen mit dem Klettband, und wechseln Sie dabei immer die Haken- und Flauschseite ab. Sie können Bausteine aus Holz, Schaumstoff oder anderen Materialien verwenden.
- Zeigen Sie den Kindern, wie Haken- und Flauschband aneinander haften bleiben. Das eröffnet neue Möglichkeiten beim Bauen.

Gut zu wissen

Für die Kinder ist das Bauen mit den Klett-Bausteinen nicht nur ein naturwissenschaftliches Erlebnis (die Steine haften auch kopfüber aneinander), sondern auch ein klangvolles Hörexperiment: Das „Ratsch" des Klettverschlusses ist ein interessantes Geräusch, das die Kinder sicher immer wieder ausprobieren wollen.

Tipp

Bieten Sie die Bausteine in kleinen Mengen den Kindern bei der Anmeldung in der Krippe an. So haben sie eine interessante Beschäftigung, während Sie mit den Eltern sprechen.

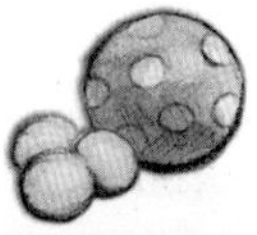

Schwere Bauarbeiten

Für 24 – 36 Monate

Eine gute Gelegenheit ...

im Freispiel zwischendurch

Das brauchen Sie

leere Milch- und Saftkartons, eine Schere, Sand, Löffel oder Sandschaufeln für Kinder, Verpackungsklebeband, farbige Selbstklebefolie

So geht es

- Waschen Sie ein paar Milch- oder Saftkartons gründlich aus, und trocknen Sie sie. Schneiden Sie den oberen Deckel der Kartons ab.
- Lassen Sie die Kinder mit einem Löffel oder einer Schaufel Sand in die kleinen Pappkartons schaufeln. Achten Sie darauf, dass die Kartons unterschiedlich viel Sand enthalten, sodass sie unterschiedlich schwer, allerdings auch nicht zu schwer sind. Sie können die Bausteinsammlung jederzeit um neue Exemplare erweitern.
- Drücken Sie alle Beulen flach, die sich gebildet haben könnten.
- Kleben Sie die Öffnungen direkt über dem Sand sorgfältig zu.
- Bekleben Sie die Kartons mit farbiger Selbstklebefolie.
- Ermuntern Sie die Kinder, sich mit den neuen Bausteinen zu beschäftigen. Beim Bauen werden sie wahrnehmen, dass die Bausteine unterschiedlich schwer sind.

Marienkäfer

Für 18 – 36 Monate

Eine gute Gelegenheit …

im Freispiel oder zwischendurch

Das brauchen Sie

für jedes Kind ein großes Oval aus rotem und ein kleines Oval aus schwarzem Tonpapier zugeschnitten, schwarze Klebepunkte

So geht es

- Befestigen Sie die Köpfe an den Körpern, bevor Sie die Marienkäfer-Körper an die Kinder weiterreichen.
- Geben Sie jedem Kind einen kleinen Bogen mit schwarzen Klebepunkten.
- Die Kinder bekleben die Marienkäfer so, wie es ihnen gefällt. Die Anzahl und die Anordnung der Punkte wird dabei bei jedem Käfer anders ausfallen, sodass jedes Kind am Ende seinen ganz individuellen Käfer hat.

Tipp

Kleben Sie alle Marienkäfer auf ein großes Plakat, und hängen Sie es auf. Schreiben Sie die Namen und die Geburtstage der Kinder dazu, und kleben Sie ein Foto jedes Kindes auf. So haben Sie einen Geburtstagskalender, den die Kinder selbst mitgestalten durften.

Ich und wir

In diesem Kapitel finden Sie kleine Rituale, mit denen Sie die emotionale und soziale Entwicklung der Kinder unterstützen können. Die kleinen Ideen helfen den Kindern dabei, ein Bewusstsein für den eigenen Körper zu entwickeln und sensibel zu sein für das eigene körperliche Befinden. Außerdem lernen die Kinder, sensibel zu sein für die eigenen Gefühle wie auch für die Gefühle anderer.

Mit diesen Ritualen können Sie **Pflegezeiten** und **Einschlafsituationen** als wertvolle **Nähezeit** gestalten, bei denen die Kinder zur Ruhe kommen und sich willkommen und geborgen fühlen. Und auch im Hinblick auf die ganze Gruppe schaffen die kleinen Anregungen immer wieder eine Atmosphäre, in der sich die Kinder **als wertvoller Teil der Gruppe** wahrnehmen können.

Windelsprechstunde

Für 6–18 Monate

Eine gute Gelegenheit ...

zu Pflegezeiten und Nähezeiten

So geht es

- Nutzen Sie die täglichen Abläufe, um mit dem Baby zu sprechen. Erklären Sie ihm alles, was Sie tun.
- Sagen Sie dem Baby beim Wickeln, dass Sie ihm eine frische Windel anziehen werden. Sprechen Sie auch während des Wickelns mit ihm. Durch die häufige Wiederholung Ihrer Worte, bei jedem Wickeln erneut, prägt sich das Kind die Wörter bald ein und versucht, sie nachzusprechen.
- Reden Sie bei allen Routineaufgaben mit dem Baby. So helfen Sie ihm, Laute (Wörter) mit dem in Verbindung zu bringen, was um es herum passiert.
- Achten Sie darauf, stets Blickkontakt zum Kind aufzunehmen, wenn Sie mit ihm sprechen, aber auch, seine Reaktionen zu verfolgen und die emotionale Beziehung zwischen Ihnen beiden zu intensivieren.

Schlaf gut!

Für 6 – 36 Monate

Eine gute Gelegenheit ...

zum Einschlafen

Das brauchen Sie

einen CD-Spieler, CDs mit entspannender Musik oder Klängen, weiche Decken, ein Kuscheltier von zu Hause

So geht es

- Wenn es auf die Schlafenszeit zugeht, verdunkeln Sie den Raum, indem Sie die Rollos herunterziehen und das Licht dämpfen.
- Sprechen Sie mit den Kindern mit leiser Stimme.
- Spielen Sie ruhige klassische Musik oder Aufnahmen von Geräuschen aus der Natur (Meer, Wind, Regen).
- Geben Sie jedem Kind sein Kuscheltier, und decken Sie es zu.
- Streicheln Sie den Kindern sanft über den Rücken, die Schwierigkeiten haben, zur Ruhe zu kommen.
- Wenn Sie das ein paar Minuten lang bei einem Kind gemacht haben, flüstern Sie ihm zu, dass Sie gleich wiederkommen, und gehen Sie zu einem anderen Kind.

Tipp

Achten Sie darauf, den Ablauf bei jedem Einschlafen genau so zu wiederholen, damit die Kinder sich daran gewöhnen. So fühlen sie sich sicher, weil sie wissen, was als Nächstes kommt.

Schlaf, mein Baby!

Für 18 – 36 Monate

Eine gute Gelegenheit …

zur Schlafenszeit

Das brauchen Sie

Für jedes Kind eine weiche Puppe oder ein Stofftier
(möglichst das eigene Kuscheltier)

So geht es

- Zur Schlafenszeit geben Sie jedem Kind ein Stofftier oder eine Puppe.
- Sagen Sie die folgenden Verse auf. Nehmen Sie sich selbst auch eine Puppe oder ein Kuscheltier, um die Handlung des Gedichts zu demonstrieren. Sehr junge Kleinkinder werden wahrscheinlich einfach zuhören, während ältere die Bewegungen mitmachen.

Jetzt gehen unsere Babys schlafen,
(die Kinder legen die Puppen ins Bett)
Wir decken sie gut zu.
(die Kinder decken die Puppen zu)
Wir geben ihnen einen Kuss
(Kinder küssen die Puppen)
und wünschen gute Ruh.
(Kinder streicheln die Puppen)
Ach, wir sind ganz schön müde, wir legen uns dazu.
(Kinder legen sich hin, Erzieher macht das Licht aus)
Wir schließen unsre Augen
(Kinder machen die Augen zu)
und halten Mittagsruh.

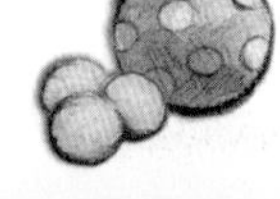

Einschlafgeschichten

Für 12–36 Monate

Eine gute Gelegenheit ...

zum Einschlafen

Das brauchen Sie

Kinderbücher über das Einschlafen

So geht es

- Helfen Sie den Kindern, zur Ruhe zu kommen und sich auf den Mittagsschlaf vorzubereiten.
- Sagen Sie ihnen, dass sie sich auf ihre Matten oder in ihre Bettchen legen sollen.
- Dämpfen Sie das Licht.
- Lesen Sie mit ruhiger Stimme eine Geschichte über das Einschlafen vor, und ebnen Sie ihnen so den Weg in den Schlaf.
- Die Geschichte und das gedämpfte Licht wirken entspannend.

Tipp

Geschichten über das Einschlafen gibt es nur wenige.
Wenn Sie kein gutes Buch zur Hand haben, denken Sie sich eine Geschichte aus. Wiederholen Sie die Geschichte bei jedem Einschlafen, und ändern Sie sie nur ein wenig ab. Je nachdem, wie alt die Kinder sind, können Sie die Geschichte häufiger und mehr verändern.

Glitzerträume

Für 18–36 Monate

Eine gute Gelegenheit …

zum Einschlafen

Das brauchen Sie

kleine Kunststoffflaschen mit Schraubdeckel,
Maissirup (hierfür: 640 g Traubenzucker, 360 ml Wasser,
einen Topf, ein Kochlöffel), Glitter, Kleber, Isolierband

So geht es

- Stellen Sie Glukosesirup (= Fruchtzucker-Sirup) her, indem Sie den Traubenzucker im Wasser aufkochen, dabei kräftig rühren und später abkühlen lassen.
- Füllen Sie die Wasserflaschen mit Glukosesirup, und fügen Sie Glitter hinzu.
- Geben Sie etwas Kleber in die Flaschendeckel, und schrauben Sie sie gut zu. Wickeln Sie vorsichtshalber noch Isolierband darum.
- Geben Sie den Kindern die Flaschen vor dem Einschlafen. Es ist beruhigend und einschläfernd zu sehen, wie der Glitter auf und ab schwebt.

Reck dich, und streck dich!

Für 18 – 36 Monate

Eine gute Gelegenheit …

zur Schlafenszeit

Das brauchen Sie

beruhigende Musik, z.B. klassische Musik

So geht es

- Spielen Sie vor der Schlafenszeit beruhigende Musik. Klassische Musik ist gut geeignet. Die Kinder kommen in einer kleinen Gruppe zusammen.
- Während die Kinder der Musik lauschen, sagen Sie ihnen, dass sie sich lang ausstrecken und im Rhythmus der Musik nacheinander Arme, Beine und Rumpf ausschütteln sollen.
  Sagen Sie:

  Reck dich, und streck dich, schüttel, schüttel, schüttel.
  Schüttel alles aus dir raus, denn es ist Zeit zu schlafen.

  Lassen Sie die Kinder laut gähnen.

- Zeigen Sie ihnen auch, wie man tief ein- und ausatmet. Wiederholen Sie diese Atemübung.
- Bringen Sie die Kinder dann zu ihren Schlafplätzen.

Bilderhimmel

Für 18 – 36 Monate

Eine gute Gelegenheit …

zum Einschlafen

Das brauchen Sie

Zeichnungen und Bastelarbeiten der Kinder, Plakate, Mobiles usw.

So geht es

- Hängen Sie Mobiles an die Decke. Kleben Sie auch einige Plakate und Bilder, die die Kinder gemalt haben, an die Decke.
- Die Kinder legen sich auf ihre Schlafmatten.
- Fragen Sie die Kinder leise, was sie sehen. Sprechen Sie mit ihnen über das, was den Kindern einfällt. Spinnen Sie gemeinsam Geschichten aus den Impulsen der Kinder.
- Das ruhige Erzählen und Zuhören mit dem Blick nach oben hilft den Kindern, zur Ruhe zu kommen und langsam in den Schlaf zu gleiten.
- Hängen Sie jede Woche etwas anderes an die Decke. Achten Sie aber darauf, dass Ihre Auswahl nicht zu unruhig ist.

Tipp

Malen Sie die Decke passend zum Einschlafen mit einem dunklen Himmel an. Sie können auch einen Himmel mit Wolken malen. In die Wolken kleben oder hängen Sie dann jeweils die Kunstwerke der Kinder.

Schlafen wie die Cowboys

Für 24 – 36 Monate

Eine gute Gelegenheit ...

zur Schlafenszeit

Das brauchen Sie

Kopfkissenbezüge, alte Kleidungsstücke, eine Decke, eine Kassette oder CD mit Westernmusik

So geht es

- Sprechen Sie mit den Kindern über Cowboys und Cowgirls. Lesen Sie vielleicht ein Buch dazu, und sehen Sie sich Bilder mit ihnen an. Thematisieren Sie dabei auch, wie die Cowboys schlafen, wenn sie am Lagerfeuer irgendwo in der weiten Steppe müde werden. Sie stecken ihre Kleidung in den Beutel ihres Schlafsackes oder ihrer Decke, damit die Sachen nicht schmutzig werden, und haben so gleich ein bequemes Kopfkissen.
- Wenn es Zeit ist für den Mittagsschlaf, erklären Sie den Kindern, dass sie heute wie Cowboys schlafen werden.
- Lassen Sie die Kinder ihre Decken holen und auf den Schlafmatten ausbreiten.
- Die Kinder ziehen ihre imaginären Cowboyhüte und Stiefel aus.
- Geben Sie jedem Kind einen Kopfkissenbezug (oder den Beutel ihrer Schlafdecke). Helfen Sie mit, die Bezüge mit den Hosen und Pullovern, Strumpfhosen und Socken zu füllen.
- Helfen Sie den Kindern, den Kopfkissenbezug zuzuknöpfen oder den Rand einzuschlagen, damit die Füllung nicht herausfällt.
- Decken Sie die Kinder zu. Dämpfen Sie das Licht, und lassen Sie leise Westernmusik laufen.

Sanft erwachen

Für 6–36 Monate

Eine gute Gelegenheit …

zum Aufwachen nach der Schlafenszeit

Das brauchen Sie

verschiedene Bilderbücher, einen Korb, Papier und Farbstifte

So geht es

- Manchen Kindern fällt es leicht, aufzuwachen und wieder schnell aktiv zu sein. Andere brauchen mehr Zeit, bevor sie wach sind und sich der Gruppe wieder anschließen mögen.
- Stellen Sie einen Korb mit Bilderbüchern, Papier und Farbstiften in die Nähe der Schlafzone.
- Wenn die Kinder allmählich aufwachen, lassen Sie sie still malen oder Bücher betrachten. So haben die Frühaufwacher eine ruhige Beschäftigung.
- Schalten Sie etwa eine Viertelstunde, bevor alle Kinder wieder aufstehen und in die Gruppe kommen sollen, einen Teil der Beleuchtung ein, und ziehen Sie die Vorhänge beiseite.
- Fangen Sie langsam an, in normaler Lautstärke zu sprechen.

Blitzeblank

Für 8–24 Monate

Eine gute Gelegenheit ...

zur Waschzeit vor und nach dem Essen oder vor dem Schlafen

Das brauchen Sie

einen Waschlappen und lauwarmes Wasser

So geht es

Manche Kinder mögen sich nicht gerne das Gesicht waschen lassen. Damit es ein positives Erlebnis für sie wird, führen Sie ein kleines Ritual ein.

- Nehmen Sie einen feuchten Waschlappen, reiben Sie die Wangen des Kindes vorsichtig ab, und singen Sie dabei dieses Lied zu der Melodie von *„Alle meine Entchen“*.

  Wir waschen deine Wangen,
  bis sie sauber sind, bis sie sauber sind.
  Und dann bist du wieder
  ein blitzeblankes Kind.

- Waschen Sie auch die Lippen, Ohren, Zehen, Nase und Stirn auf diese Weise.
- Setzen Sie dann statt *„Wangen“* den entsprechenden Körperteil im Lied ein.

Babybuch

Für 6 – 18 Monate

Eine gute Gelegenheit ...

zum Spielen und Wahrnehmen zwischendurch

Das brauchen Sie

Tonpapier, eine Schere, Eltern-Ratgeber-Zeitschriften, einen Klebstift, Selbstklebefolie oder ein Laminiergerät, einen Locher, ein Band

So geht es

- Gestalten Sie Ihr eigenes Babybuch für das Kind. Schneiden Sie dazu aus Tonpapier acht 15 x 15 cm große Quadrate aus. Schneiden Sie auch 13 verschiedene Babybilder aus den Zeitungen aus. Versuchen Sie, Großaufnahmen von Gesichtern mit unterschiedlichen Gesichtsausdrücken zu finden.
- Kleben Sie die Bilder auf die Vorder- und Rückseiten der Quadrate. Achten Sie darauf, dass rundherum um das jeweilige Bild ein Rand von etwa 1,5 cm entsteht. Die Quadrate werden die Buchseiten. Sortieren Sie sie in der Reihenfolge, die Ihnen sinnvoll erscheint, und gestalten Sie aus den zwei letzten Quadraten ein entsprechendes Deckblatt und einen Buchrücken.
- Beziehen Sie die Seiten mit Selbstklebefolie, oder laminieren Sie sie. Runden Sie die Ecken ab. Lochen Sie den linken Rand der Blätter, und binden Sie sie mit einem Band zusammen.
- Wenn Sie sich das Buch mit dem Baby ansehen, benennen Sie Ohren, Nase, Augen, Mund, und ermuntern Sie das Kind, es Ihnen gleichzutun. Das Kind kann auch auf die Körperteile zeigen. Sprechen Sie über die Bedeutung der Gesichtsausdrücke, und ahmen Sie sie nach. Das Baby wird es vielleicht sogar selbst versuchen.

Kleine Tagmusik-Lauscherei

Für 6 – 36 Monate

Eine gute Gelegenheit …

zum Wahrnehmen zwischendurch

Das brauchen Sie

CD-Auswahl, CD-Spieler

So geht es

Klassische Musik ist für dieses Ritual am besten geeignet. Die Gehirnzellen der Babys müssen sich erst noch entwickeln. Forschungen haben gezeigt, dass klassische Musik die Entwicklung des Gehirns fördert.

- Lassen Sie leise Musik laufen, während die Babys spielen. Beobachten Sie die Reaktionen der Kinder: Wer lauscht gespannt? Wer spielt weiter, ohne bewusst auf die Musik zu reagieren?
- Spielen Sie über einen längeren Zeitraum immer dieselbe Musik ab.
- Lassen Sie die Musik zu einer bestimmten, immer wiederkehrenden Zeit, abspielen. So gewöhnen sich die Kinder an einen bestimmten Tagesrhythmus.

Wie groß ich bin

Für 12–36 Monate

Eine gute Gelegenheit …

zur Selbstwahrnehmung zwischendurch

Das brauchen Sie

ein Maßband, lange Streifen Tonpapier, ein Maßband, ein Buch oder anderen Gegenstand mit rechtem Winkel, einen Filzstift oder Marker

So geht es

Kinder nehmen selbst kaum wahr, dass sie wachsen.
Halten Sie daher die Größe der Kinder regelmäßig fest!

- Kleben Sie für jedes Kind mehrere Streifen Tonpapier aneinander, bis Sie jeweils etwa 120 cm lange und 10 cm breite Streifen haben. Schreiben Sie auf jeden Maßstreifen den Namen eines Kindes, und kleben Sie sein Symbol oder Foto darauf.
- Suchen Sie einen Platz in der Krippe, z.B. im Waschraum, wo Sie die Maßbänder über längere Zeit aufhängen können.
- Thematisieren Sie „Messen“ und „Größe“ bei den Kindern, z.B. indem Sie über verschieden große Tiere sprechen oder ein Bilderbuch über große und kleine Tiere ansehen.
- Bitten Sie die Kinder, in kleinen Gruppen zum Messen zu kommen. Dazu stellt sich das Kind mit dem Rücken an das Maß, und Sie legen ein Buch vorsichtig auf den Kopf, sodass dessen Kante genau an der Wand anliegt. Markieren Sie die Größe des Kindes auf dem Maß. Messen Sie mit den Kindern nach, wie groß das Kind ist. Zeigen Sie ihnen, wie sie das Maßband dafür benutzen müssen.
  Schreiben Sie die Daten auf die „Messlatten“.

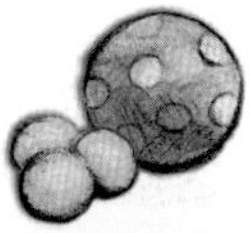

Ich gehöre dazu!

Für 6 – 24 Monate

Eine gute Gelegenheit ...

zum Zugehörig-Fühlen in der Krippe

Das brauchen Sie

Acryl- oder Dispersionsfarbe, einen Malkittel für das Kind

So geht es

Wenn Kinder neu in die Krippe oder den Kindergarten kommen, wollen sie bald in die Gruppe aufgenommen werden.
Ein Handabdruck an einer Wand kann dabei helfen, die Zugehörigkeit für alle sichtbar zu machen.

- Suchen Sie eine Wand aus, die auch über längere Zeit Platz für Handabdrücke der Kinder bietet und nicht ständig überstrichen werden muss.
- Lassen Sie das Kind einen Farbton auswählen, oder entscheiden Sie, wenn das Kind noch zu klein dafür ist.
- Streichen Sie dem Kind eine Hand mit etwas Farbe ein, und bitten Sie es, die Hand fest auf die Wand zu drücken. Helfen Sie ihm dabei, wenn es das noch nicht selbst kann.
- Im Laufe der Zeit entsteht so ein buntes Bild von Handabdrücken. Wollen Sie die Farben etwas abstimmen, wählen Sie nur Farbnuancen von zwei oder drei Farbtönen.
- Die Kinder finden es spannend, zu sehen, wie immer mehr Hände dazukommen. Sie suchen gerne ihre eigene Hand.
- Wenn Sie möchten, können Sie auch unter oder auf jeden Handabdruck den Namen des Kindes und das Datum des Abdrucktages schreiben.

Große Besucher

Für 6–36 Monate

Eine gute Gelegenheit ...

zwischendurch

Das brauchen Sie

einfache Pappbilderbücher, einen Fotoapparat

So geht es

- Laden Sie ältere Kinder aus Ihrer Einrichtung ein, die Babygruppe zu besuchen. Sie können entweder alle auf einmal kommen oder in kleinen Gruppen, je nach dem, wie Sie es den Kindern zutrauen.
- Die älteren Kinder können mit den Babys spielen oder ihnen einfache Bilderbücher „vorlesen".
- Sie können den Erzieherinnen bei der Babypflege zusehen und so etwas über das Wickeln, Anziehen und Füttern lernen. Und die Babys haben Spaß daran, den älteren Kindern zuzusehen und von ihnen zu lernen.
- Fotografieren Sie die älteren Kinder und die Babys beim gemeinsamen Spiel, und hängen Sie die Bilder ans schwarze Brett oder an die Wand im Gruppenraum.

Tipp

Diese Aktivität ist vor allem für Kinder interessant, bei denen ein Geschwisterkind unterwegs ist.

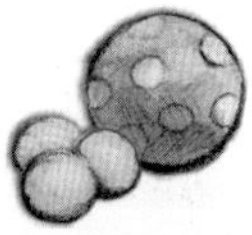

Das ist meins!

Für 0–36 Monate

Eine gute Gelegenheit ...

jederzeit

Das brauchen Sie

einen Fotoapparat, einen Drucker, doppelseitiges Klebeband, transparente Selbstklebefolie oder ein Laminiergerät

So geht es

- Fotografieren Sie alle Kinder der Gruppe (Portraits). Drucken Sie das Foto als Passbild mindestens 10-mal aus (auch Kontaktabzüge sind recht praktisch), und laminieren Sie die Bilder.
- Verwenden Sie die Fotos als Identitätsnachweis, statt wie sonst den Namen des Kindes zu schreiben.
  Hier ein paar Beispiele:
  - Kleben Sie das Foto auf ein Bild des Kindes, das Sie in der Gruppe ausstellen. Oder markieren Sie unfertige Projekte mit Hilfe der Bilder.
  - Kleben Sie Fotos an den Kleiderhaken und an das Fach des Kindes.
  - Verwenden Sie die Bilder beim Stuhlkreis als Platzkärtchen.
  - Stellen Sie mit Hilfe der Fotos eine Warteliste für beliebte Spielzeuge zusammen.
  - Laminieren Sie je ein Paar der Bilder, und machen Sie ein Memo-Spiel daraus.
  - Machen Sie Namenskärtchen: Kleben Sie ein Foto auf eine Karteikarte, und schreiben Sie in großen Buchstaben den Namen des Kindes daneben. Laminieren Sie die Karte. Die Kinder können sie als Vorlage benutzen, wenn sie versuchen, ihren Namen zu schreiben.

So wird's gemacht!

Für 18–36 Monate

Eine gute Gelegenheit …

jederzeit

Das brauchen Sie

einen Fotoapparat, einen Drucker, transparente Selbstklebefolie oder ein Laminiergerät

So geht es

- Fotografieren Sie die Kinder bei alltäglichen Aktivitäten wie Zähneputzen, Anziehen etc. Bekleben Sie die Bilder mit Selbstklebefolie, oder laminieren Sie sie.
- Verteilen Sie die Bilder im Gruppenraum. Sie sollen den Kindern zeigen, wo was gemacht wird: Hängen Sie z.B. ein Bild von Kindern, die sich ihre Jacken anziehen, neben die Kleiderhaken, von Kindern, die sich die Zähne putzen, in den Waschraum.

Variante

- Eine weitere Verwendungsmöglichkeit: Zeigen Sie den Kindern mit Hilfe der Bilder, wie sie sich die Hände waschen oder auf die Toilette gehen sollen. Dafür müssen Sie genau die Abläufe fotografisch festhalten.

Tipp

Wenn Sie keine Fotos haben, können Sie auch Zeichnungen oder Bilder aus Zeitschriften verwenden.

Seil-Schlaufen-Laufen

Für 18–36 Monate

Eine gute Gelegenheit ...

zum Spielen und Bewegen, zum Nach-draußen-Gehen

Das brauchen Sie

ein langes Seil, etwa 1–2 cm dick

So geht es

- Knüpfen Sie alle 12–15 cm für jedes Kind, das mitmacht, eine Schlaufe in das Seil. An jedes Seilende knüpfen Sie je eine Schlaufe für die Betreuer.
- Lassen Sie die Kinder die Schlaufen anfassen, wenn Sie mit der Gruppe nach draußen gehen oder irgendwo in einer Schlange anstehen müssen.
- Wenn alle das Seil anfassen, nimmt sich jedes Kind als Teil der Gruppe wahr und fühlt sich dazugehörig.
- Die Kinder und Betreuer können auch gemeinsam durchzählen, wie viele Kinder sich am Seil festhalten. Bleibt eine Schlaufe frei, fehlt ein Kind. Wer könnte das sein?

Tipp

Es ist hilfreich, wenn die Kinder abwechselnd rechts und links vom Seil stehen.
Das ist wichtig: Die Kinder sollten bereits sicher gehen können, wenn sie sich an der Seilschlange beteiligen möchten. Sonst können sie leicht im Gedränge der Kindergruppe hinfallen.

Freundschaftskette

Für 24–36 Monate

Eine gute Gelegenheit …

zum Gestalten zwischendurch

Das brauchen Sie

Tonpapier, Farbstifte, Wackelaugen, Kleber, evtl. eine Schere

So geht es

- Sprechen Sie mit den Kindern über Freundschaft und darüber, wie es ist, jemandem zu helfen. Schlagen Sie vor, ein Gemeinschaftsbild zu gestalten. Es soll zeigen, dass die Kinder der Gruppe miteinander Freude haben und sich gegenseitig helfen.
- Geben Sie jedem Kind ein Blatt Papier, Stifte und ein Paar Wackelaugen.
- Lassen Sie die Kinder sich selbst malen. Bitten Sie sie, ihre Hände ganz an den Rand der Bilder zu malen.
- Wenn die Bilder fertig sind, helfen Sie den Kindern, die Wackelaugen aufzukleben, und schreiben die Namen der Kinder auf die jeweiligen Bilder.
- Kleben Sie die Bilder so zusammen, dass sich die Arme an den Rändern berühren. Sie können auch die gemalten Motive ausschneiden und auf einen langen Papierstreifen kleben.
- Hängen Sie die Freundschaftskette gut sichtbar auf.

Gefühlvolle Stabgesichter

Für 24–36 Monate

Eine gute Gelegenheit ...

zum Gestalten und Spielen zwischendurch

Das brauchen Sie

Tonpapier oder Fotokarton, Filzstifte, alte Kataloge oder Zeitschriften, Kleber, eine Schere, Bastelstäbe oder Schaschlikspieße (bitte vorher die Spitzen abstumpfen), Wäscheklammern

So geht es

- Lassen Sie die Kinder alte Zeitschriften und Kataloge durchblättern. Sie sollen nach traurigen, fröhlichen, wütenden, komischen und ängstlichen Gesichtern Ausschau halten. Helfen Sie ihnen, die Gefühle zu benennen: *„Dieser Junge lächelt, es geht ihm gut, er sieht glücklich aus."*
- Schneiden Sie passend zu den Bildern Kreise aus.
- Helfen Sie den Kindern, die Gesichter auf die Kreise zu kleben. Kleben Sie Bastelstäbe an die Rückseite der Kreise. Damit die Stäbe gut halten, fixieren Sie sie eine Weile mit einer Wäscheklammer, bis der Kleber ganz trocken ist.
- Verwenden Sie die Stabgesichter für verschiedene Aktivitäten:
  - Beschreiben Sie ein Gefühl. Die Kinder suchen das passende Gesicht und halten den Stab in die Höhe.
  - Ermuntern Sie die Kinder, ihre Gefühle szenisch umzusetzen. Fragen Sie sie, wie sie aussehen oder wie sie sich verhalten, wenn sie glücklich, traurig usw. sind.
    Sie könnten z.B. ausgelassen durch den Raum hüpfen, wenn sie froh sind, oder wütend mit dem Fuß aufstampfen, wenn sie sich ärgern.

Das sind meine Hände!

Für 18 – 36 Monate

Eine gute Gelegenheit …

zum Spielen zwischendurch oder beim Anziehen und Wickeln

So geht es

- Ermuntern Sie die Kinder, dieses Gedicht mitzusprechen, und die passenden Bewegungen dazu zu machen:

  Hier sind meine Hände, ich zeig sie dir.
  Hier sind meine Hände, sie gehören mir.
  (Mit den Händen auf die Brust schlagen)
  Und weil sie mir gehören, bleiben sie hier.
  (Mit den Händen auf die Brust schlagen)

- Bei diesem Singspiel üben die Kinder, ihre Körperteile zu benennen und zu koordinieren. Variieren Sie das Lied mit anderen Körperteilen, und erfinden Sie mit den Kindern Bewegungen dazu.

  Hier sind meine Füße, ich zeig sie dir.
  Hier sind meine Füße, sie gehören mir.
  (Mit den Füßen aufstampfen)
  Und weil sie mir gehören, bleiben sie hier.
  (Mit den Füßen aufstampfen)

Schuhchaos

Für 24 – 36 Monate

Eine gute Gelegenheit …

zum Spielen im Morgenkreis

Das brauchen Sie

die Hausschuhe der Kinder, eine große Stofftasche

So geht es

- Lassen Sie jedes Kind einen Hausschuh ausziehen.
- Eines nach dem anderen kommen die Kinder nach vorn und legen ihren Schuh in die Tasche.
- Wenn alle Schuhe in der Tasche sind, schütteln Sie sie mit dramatischer Geste, bis alle ordentlich durcheinandergewirbelt sind.
- Die Kinder ziehen eines nach dem anderen einen Schuh aus der Tasche.
- Wenn alle Kinder einen Schuh in der Hand halten, machen sie sich auf die Suche nach dem Besitzer dieses Schuhs. Haben sie ihn gefunden, übergeben sie den Hausschuh, und der Besitzer zieht ihn an.

Tipp

Ziehen die Kinder beide Hausschuhe aus, wird die Suche schwieriger.
Für die Kinder ist diese Suche ein Riesenspaß. Diese Aktivität hilft den Kindern, einander kennenzulernen und zu interagieren.

Kleine Majestäten

Für 12–36 Monate

Eine gute Gelegenheit ...

im Morgenkreis

Das brauchen Sie

einen Kinderstuhl, schön verziert, z.B. mit Samt und Schmucksteinen als Thron; einen Umhang

So geht es

- Jede Woche darf ein Kind der König oder die Königin sein! Der König oder die Königin bereitet gemeinsam mit den Eltern zu Hause ein Plakat vor, auf dem etwas über sich und seine Familie berichtet wird. Bitten Sie die Familien, Bilder oder Fotos von Familienmitgliedern, Freunden, Haustieren, Lieblingsspeisen usw. zu sammeln und aufzukleben. Das Kind bringt das Plakat in die Gruppe mit, und während „seiner" Woche wird es gut sichtbar aufgehängt.
- Halten Sie einen Thron (s.o.) für die kleine Majestät bereit. In „seiner" Woche sitzt das Kind im Stuhlkreis auf diesem Stuhl und trägt den königlichen Umhang.
- Sie könnten dem König oder der Königin zusätzliche Aufgaben auftragen, z.B. als Begrüßer, als Snackzubereiter usw.

Gut zu wissen

Für die Kinder ist diese ehrenvolle Position ein wichtiger Impuls für ihr Selbstbewusstsein. Der wöchentliche Wechsel in der Regentschaft gibt nach und nach allen Kindern die Möglichkeit, sich als etwas ganz Besonderes zu fühlen.

Teeparty

Für 24 – 36 Monate

Eine gute Gelegenheit …

zum Spielen zwischendurch

Das brauchen Sie

Stofftiere und Puppen, Kochutensilien und Kinder- oder Puppengeschirr

So geht es

- Bereiten Sie eine Teeparty vor. Suchen Sie ein paar Puppen und Stofftiere zusammen. Besorgen Sie Puppengeschirr, kleine Töpfe und Pfannen und Spielzeug-Lebensmittel. Decken Sie einen Kindertisch, und setzen Sie sich an den Tisch. Bitten Sie ein Kind, das mitspielen möchte, Ihnen etwas zu essen oder eine Tasse Tee zu bringen.
  Sagen Sie z.B.: *„Herr Ober, kann ich bitte einen Teller mit Nudeln haben?"*
  Wenn das Kind Ihnen Ihr bestelltes Essen bringt, bitten Sie um Besteck. Wenn Sie eine Tasse Tee bestellt haben, fragen Sie nach Zucker und Milch. Fragen Sie nach allen möglichen Sachen auf einer imaginären Speisekarte, bis Sie ein komplettes Menü zusammen haben.
- Laden Sie das Kind ein, mit Ihnen zu essen. Beginnen Sie eine Unterhaltung über das Essen. Tun Sie dann so, als bräuchten Sie noch etwas zu essen, z.B. einen Nachtisch. Bestellen Sie auch ein paar verrückte Sachen, z.B. einen Elefanten.
- Tauschen Sie die Rollen. Verwandeln Sie sich selbst in den Ober, oder lassen Sie ihn von einem anderen Kind spielen.
- Wenn Sie diese Art Rollenspiel regelmäßig mit Kindern spielen, motivieren Sie sie, sich selbst Spielsituationen dieser Art auszudenken.

Du auch?

Für 12–36 Monate

Eine gute Gelegenheit …

zum Spielen zwischendurch oder vor dem Waschbecken

Das brauchen Sie

einen Spiegel

So geht es

- Setzen oder stellen Sie sich mit zwei Kindern vor einen Spiegel.
- Zeigen Sie auf Ihre Nase und sagen Sie: *„Das ist meine Nase. Hast du auch eine Nase?"* Sehen Sie eines der beiden Kinder an.
- Dieses Kind zeigt nun seine Nase. Wenn es kann, zeigt es z.B. auf seine Augen und sagt: *„Das sind meine Augen, hast du auch Augen?"* Es schaut das zweite Kind an.
- Können die Kinder noch nicht so viel sprechen, zeigen Sie die Körperteile, und ermuntern die Kinder, ihre beiden Gesichter zu betrachten. So stellen die Kinder bald fest, dass sie selbst eine Nase haben, aber auch das andere Kind eine Nase hat. Sie werden genau hinsehen und vergleichen: Welche Nase ist groß, welche klein usw.

Tipp

Spielen Sie das Spiel, wenn Sie mit einem Kind zum Waschbecken gehen. Nehmen Sie ein zweites Kind mit, und schauen Sie alle gemeinsam in den Spiegel am Waschbecken.

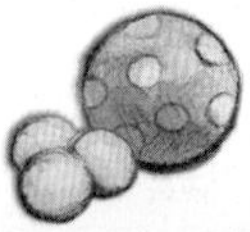

Mit den Eltern Hand in Hand

In diesem Kapitel finden Sie viele Anregungen und Ideen, wie Sie auch die **Eltern in den Krippenalltag einbeziehen** können. Gerade auch in der Eingewöhnungsphase ist es wichtig, dass die Kinder Vertrauen zu Ihnen fassen, um eine starke Beziehung aufzubauen. Dazu brauchen Sie und die Kleinen aber auch den Rückhalt und die Unterstützung der Eltern.

Mit diesen Ritualen können Sie die **Eingewöhnungsphase** wie auch **Einschlafsituationen** für die Kinder einfühlsam gestalten. Sie finden hier viele Ideen, wie Sie Erlebtes und Vertrautes aus dem Leben zu Hause in der Krippe aufgreifen können, wenn die Kinder Heimweh haben. Aber auch Anregungen zur **Elterninformation** bzw. zur **Kommunikation mit den Eltern** helfen Ihnen, mit den Eltern als Partner zusammenzuarbeiten.

Mach's gut, mein Schatz!

Für 0–36 Monate

Eine gute Gelegenheit ...

zum Ankommen

So geht es

- Sprechen Sie mit den Eltern, wie sie und ihr Kind bisher mit Trennungssituationen umgegangen sind.
- Schlagen Sie den Eltern im Elterngespräch vor, ein festes Ritual einzuführen, an das sich die Eltern und Erzieherinnen konsequent halten. So geben Sie klare Strukturen vor, und das Kind fühlt sich sicher in der neuen Situation.
- Ein Ritual könnte z.B. sein: Die Mama oder der Papa bringen das Kind hinein und helfen ihm beim Umziehen. Bevor sie gehen nehmen sie ihr Kind noch einmal in den Arm und verabschieden sich wie gewohnt, indem sie dem Kind ein Küsschen geben und ein paar liebe Worte zum Abschied finden. Sie nehmen das Kind dann in Empfang. Dazu können Sie es auf den Arm halten oder an die Hand nehmen. Nun gehen Sie mit dem Kind zum Fenster. Die Mama oder der Papa sehen nun von außen noch einmal hinein, und alle winken sich zu. Jetzt drehen sich die Mama oder Papa um und gehen, und Sie gehen mit dem Kind zu den anderen Kindern in den Gruppenraum.

Schöner Dienstag

Für 0–36 Monate

Eine gute Gelegenheit …

zum Ankommen

Das brauchen Sie

eine Tafel zum Aufhängen oder Aufstellen oder Tafelfolie, Tafelkreide

So geht es

- Befestigen Sie eine Tafel im Eingangsbereich, stellen Sie dazu entweder eine Kinder-Schultafel auf, oder bekleben Sie die Tür mit einer Tafelfolie.
- Schreiben Sie jeden Morgen eine Nachricht an die Eltern auf die Tafel. So können die Eltern mit ihrem Kind über das sprechen, was für den Tag geplant ist. Zum Beispiel:

  Schöner Dienstag
  Lieder singen
  Spaziergang im Park
  Musik mit der Töpfe-und-Pfannen-Band

Tipp

Gestalten Sie eine richtige Willkommenstafel für Eltern und Kinder. Kaufen Sie Tafellack (gibt's auf Wasserbasis, also geruchsneutral), und streichen Sie damit ein Stück Wand oder eine Tür ein. Sie können auch eine einfache Holzplatte damit bestreichen. Noch schöner ist es, wenn Sie aus Sperrholz eine schöne Form aussägen und diese Platte dann mit Tafellack lackieren.

Mamis Schlaflied

Für 3–36 Monate

Eine gute Gelegenheit …

zum Einschlafen und Zur-Ruhe-Kommen, bei Heimweh

Das brauchen Sie

ein Kassettengerät oder digitales Aufnahmegerät (Diktiergerät), leere Kassetten oder CDs und CD-Brenner

So geht es

Kinder finden es besonders während der Einschlafphase und Eingewöhnungsphase sehr tröstlich, die vertrauten Stimmen von Eltern und Geschwistern zu hören.

- Geben Sie den Familien einen Kassettenrekorder oder ein Diktiergerät mit, sodass die Eltern etwas „auf Band" singen können. Wer sich nicht traut, kann etwas Persönliches erzählen oder auch die Spieluhr abspielen lassen, die das Kind zum Einschlafen zu Hause hört. Wenn Sie das Gerät nicht mitgeben können, schlagen Sie den Eltern vor, dass sie sich beim Bringen oder Abholen der Kinder ein wenig Zeit für eine Aufnahme nehmen.
- Wenn ein Kind sich beim Einschlafen einsam fühlt und weint oder einfach so einmal eine Ruhephase braucht, spielen Sie ihm *„Mamis Schlaflied"* vor. Es wird sich getröstet und aufgehoben fühlen.

Herzlich willkommen!

Für 0 – 36 Monate

Eine gute Gelegenheit ...

Zur Eltern-Information und zum Sich-selbst-Vorstellen

Das brauchen Sie

Papier, ein Kopiergerät

So geht es

- Jede Erzieherin in Ihrer Gruppe stellt sich auf einer DIN-A4-Seite vor: Berichten Sie, wie lange Sie schon in der Gruppe oder in der Einrichtung sind, wie lange Sie mit Kindern arbeiten und welche Ausbildung Sie durchlaufen haben. Schreiben Sie auch auf, welche Ziele Sie im Laufe des Krippenjahres erreichen möchten. Nennen Sie Zeitpunkte, zu denen die Eltern mit Ihnen Kontakt aufnehmen, Fragen stellen oder Sorgen loswerden können.
- Stellen Sie eine Liste mit allen Liedern zusammen, die Sie im Laufe des Jahres mit den Kindern singen wollen. Die Eltern können Ihre Arbeit unterstützen, indem sie diese Lieder auch zu Hause mit ihrem Nachwuchs singen.
- Fügen Sie eine weitere Seite mit allgemeinen Informationen hinzu. Listen Sie auf, welche Ausstattung das Kind braucht, z.B. Kleidung zum Wechseln, eine Schmusedecke oder einen anderes „Trösterchen". Erinnern Sie die Eltern auch daran, dass alles mit dem Namen des Kindes versehen sein sollte.

Krippentagebuch

Für 0–36 Monate

Eine gute Gelegenheit ...

immer und überall, um besondere Momente festzuhalten

Das brauchen Sie

ein Klemmbrett, Papier, ein Skizzenbuch mit Spiralbindung, einen Fotoapparat und einen Drucker

So geht es

- Helfen Sie den Familien, einen Eindruck vom Alltag ihres Kindes in der Einrichtung zu gewinnen. Notieren Sie jeden Tag – oder wann immer sich die Gelegenheit ergibt – Ihre Beobachtungen über die Aktivitäten des Kindes.
- Wenn die Kinder in ihre Spiele vertieft sind, machen Sie sich Notizen zu dem, was gerade passiert. Gehen Sie nah genug heran, um hören zu können, was die Kinder sagen (falls sie etwas sagen), und schreiben Sie es auf. Wenn die Kinder noch nicht sprechen können, halten Sie einfach fest, womit sie beschäftigt sind.
- Wenn es Ihre Zeit zulässt, übertragen Sie diese Notizen in ein Skizzenbuch mit Spiralbindung. Schreiben Sie groß und gut leserlich, damit die Familien zusammen lesen können, was Sie festgehalten haben. Fügen Sie Fotos hinzu, wenn das möglich ist.
- Platzieren Sie die Bücher so, dass die Eltern zum Buch ihres Kindes Zugriff haben. Denken Sie dabei daran, dass die Inhalte der Bücher im Rahmen des Datenschutzes nicht jedem zugänglich sein sollten. Sprechen Sie sich am besten mit den Eltern ab, wie Sie es damit halten wollen.

Ein Stück Zuhause

Für 0–36 Monate

Eine gute Gelegenheit …

zum Eingewöhnen und Ankommen, bei Heimweh

Das brauchen Sie

Sachen von zu Hause (Decke, Stofftier, Spielzeug), ein Familienfoto, Plakatkarton oder Tonpapier, Wachskreiden, einen Klebstift

So geht es

- Wenn ein Kind in Ihrer Einrichtung angemeldet wird, laden Sie das Kind und seine Eltern zu einem Besuchstag in die Krippe ein.
- Bitten Sie die Eltern bei diesem Besuch, ein Familienfoto mitzubringen.
- Wenn das Kind schon etwas älter ist (zwischen zwei und drei Jahre alt), lassen Sie es für das Familienfoto einen Rahmen aus Tonpapier basteln und mit Wachskreiden bemalen. Bei jüngeren Kindern basteln die Eltern, und die Kinder sitzen auf dem Schoß und helfen mit, soweit sie es können.
- Hängen Sie das Bild in Augenhöhe der Kinder auf.
- Wenn nun das Kind später in die Krippe kommt und sich in der Eingewöhnungsphase unwohl fühlt, kann es einen Blick auf sein Familienbild, zwischen all den anderen Familienbildern der Kinder, werfen und fühlt sich zur Gruppe zugehörig. Zugleich hat es ein Stück Zuhause in der Krippe.

Themen-Kalender

Für 0–36 Monate

Eine gute Gelegenheit …

zum Im-Voraus-Planen für ein ganzes Jahr

Das brauchen Sie

einen Blanko-Kalender, Farbstifte, Wachskreiden, Filzstifte

So geht es

- Bereiten Sie zu Beginn jeden Jahres einen Kalender für jeden Monat vor. Beziehen Sie Feste, Jahrestage, Geburtstage, besondere Ereignisse und jahreszeitliche Themen mit ein.
- Hängen Sie den Kalender für Kinder und Eltern zugänglich auf.
- Überlegen Sie sich für jeden Monat eine Liste von Sachen, die Sie vielleicht bestellen müssen, denken Sie über typische Speisen nach usw. Schreiben Sie darüber im Kalender, und bitten Sie z.B. um Material, das Ihnen noch fehlt.
- Wenn Sie das Jahr im Voraus planen, können Sie neue Ideen einbeziehen, ohne in letzter Minute in Hektik zu verfallen. Die Eltern haben so auch die Möglichkeit, ihre Ideen einzubringen.
- Hier sind einige Beispiele für Monatsthemen:

  Oktober ➛ Herbst, Blätter, Natur, Erntedank, Tiere, Zoo
  Dezember ➛ Nikolaus, Advent, Weihnachten, Silvester
  Februar ➛ Karneval, Schnee und Eis
  April ➛ Ostern, Blumen, Eier, Insekten
  Juni ➛ Sommeranfang, Wasser, Spiele im Freien
  August ➛ rund um die Welt, Leben auf dem Bauernhof

Familienalbum

Für 6–24 Monate

Eine gute Gelegenheit ...

zum Eingewöhnen, für den Elternnachmittag

Das brauchen Sie

Familienfotos (Nahaufnahmen, Größe 10 x 15 cm), Tonpapier-Rechtecke (13 x 18 cm), einen Klebestift, transparente Selbstklebefolie oder ein Laminiergerät, Filzstifte, einen Locher, eine feste Kordel

So geht es

- Laden Sie die Eltern zu einem Bastelnachmittag ein, und bitten Sie sie, Fotos von Menschen, die ihr Kind gut kennt, mitzubringen.
- Die Eltern kleben jedes Foto mittig auf eines der Tonpapier-Rechtecke und schreiben den Namen mit dem Verwandtschaftsverhältnis darunter, z.B.: *„Cousine Marie"* oder *„Oma Karin"*.
  Als Titelblatt kleben sie ein Foto des Kindes auf ein weiteres Rechteck und schreiben dessen Namen darunter.
- Die Eltern beziehen alle Fotoseiten mit Selbstklebefolie oder laminieren sie.
- Nun lochen sie die einzelnen Seiten am linken Rand und fädeln sie mit einer Schnur zusammen. Die Enden müssen gut verknotet werden, damit das Buch gut zusammenhält, wenn die Kinder darin blättern.
- Die Eltern sehen sich das Buch mit dem Kind gemeinsam an.
  Dabei nennen sie die Namen der abgebildeten Personen und sagen etwas zu den Fotos: *„Sieh mal, das ist deine Omi. Sie lacht"* oder *„Das ist dein Onkel Karl. Er hat braune Haare, so wie du"*.
- Verbleiben die Bücher in der Krippe, können Sie mit den Kindern immer wieder die „bekannten Gesichter" gemeinsam ansehen.

Eltern-Geschichten vom Band

Für 12–36 Monate

Eine gute Gelegenheit …

zum Eingewöhnen und Vorlesen

Das brauchen Sie

einen bemalten oder beklebten Schuhkarton, mehrere Lieblingsbilderbücher der Kinder, ein digitales Aufnahmegerät, einen CD-Brenner, einen CD-Rohling (alternativ: Kassettenrekorder und Kassetten)

So geht es

- Schicken Sie den Eltern der Kinder einen Brief, in dem Sie sie bitten, sich selbst auf Band aufzunehmen, während er oder sie ein Bilderbuch vorlesen. Es sollte ein Bilderbuch sein, das das Kind gut kennt. Durch diese „Bücher auf Band" kann das Kind die Stimme der Mama oder des Papas hören und sich gleichzeitig gemeinsam mit den Erzieherinnen sein Lieblingsbuch ansehen.
- Geben Sie den Familien nacheinander das Aufnahmegerät mit, und erklären Sie die Funktion. Geben Sie ihnen auch ein Bilderbuch mit.
- Brennen Sie CDs aus den digitalen Aufnahmen, und beschriften Sie sie mit Namen und Titeln der Bücher.
- Schreiben Sie auf den beklebten oder bemalten Schuhkarton *„Vorlese-Bücher"* oder *„Eltern-Geschichten"*, und bewahren Sie die CDs darin auf.
- Holen Sie die CDs oft hervor, und spielen Sie sie den Kindern vor, während Sie sich das zugehörige Buch gemeinsam ansehen.

Schlaf schön!

Für 3 – 36 Monate

Eine gute Gelegenheit …

zum Einschlafen in der Eingewöhnungsphase

So geht es

- Fragen Sie die Eltern nach ihrem Einschlafritual mit dem Kind. Was hilft dem Kind beim Einschlafen, was beruhigt es, und was stört es? …
- Versuchen Sie etwas von den heimischen Ritualen in die Krippen-Schlafsituation mitzunehmen. Ein beruhigendes Kopfstreicheln, geliebte Kuscheltiere und Schmusetücher, das Abdunkeln des Zimmers usw.
- Bleiben Sie mit den Eltern im Gespräch über die Einschlafphasen des Kindes.
- Führen Sie ein Schlaf-Tagebuch für jedes Kind. Dokumentieren Sie hier, wie das Kind einschläft, wie lange es schläft und wie das Aufwachen stattfindet. Legen Sie das Buch den Eltern regelmäßig vor, und sprechen Sie mit ihnen darüber.

Papa-Mobile

Für 6–24 Monate

Eine gute Gelegenheit …

bei Heimweh oder zum Spielen und Wahrnehmen

Das brauchen Sie

pro Kind vier bis sechs alte CDs, pro Kind 4 bis 6 Fotos von Familienmitgliedern, feste Schnur, ein dünnes Rundholz, einen langen Holzstab oder einen Kleiderbügel, Scheren, Kleber

So geht es

- Schicken Sie den Eltern einen Brief, in dem Sie sie zu einem Bastelnachmittag einladen. Bitten Sie sie, vier bis sechs kleine Fotos von Familienmitgliedern mitzubringen.
- Die Eltern fädeln zunächst Schnüre durch die Löcher jeder CD und verknoten sie.
- Nun schneiden die Eltern die Fotos mit Hilfe einer CD als Schablone kreisförmig aus und kleben je ein Bild auf die matte Seite einer CD.
- Die Eltern hängen die Bild-CDs entweder an Kleiderbügel oder Rundhölzer und befestigen die Mobiles so, dass die Kinder sie später gut sehen können. Dekorativer wirkt es, wenn alle CDs in einer Reihe an einem langen Holzstab hängen wie eine bewegte Fotogalerie.
- Lassen Sie die Kinder noch gemeinsam mit den Eltern ausprobieren, wie die Fotos wirken. Später, wenn ein Kind sich unwohl fühlt, Heimweh verspürt und traurig wirkt, lenken Sie seine Aufmerksamkeit gelegentlich auf die Mobiles. Sagen Sie etwas zu dem Familienmitglied, das darauf zu sehen ist: „*Das ist dein Papa. Siehst du deinen Papa?*“
  Wenn die Kinder die glänzende Seite der CDs entdecken, zeigen Sie ihnen, dass man sich darin spiegeln kann.

Mein Album

Für 0–36 Monate

Eine gute Gelegenheit …

zwischendurch und überall, als Abschiedsgeschenk

Das brauchen Sie

eine Digitalkamera, einen Drucker, ein Fotoalbum

So geht es

- Machen Sie im Laufe des Jahres immer wieder Fotos von den Kindern in verschiedensten Situationen. Versuchen Sie auch, Bilderreihen zu fotografieren, die Bewegungsabläufe darstellen, z.B. das Werfen eines Balles oder das Aufbauen, Bestaunen und Wieder-Zerstören eines Turmes aus Bauklötzen.
- Stellen Sie daraus ein Album für jedes Kind zusammen, das sie am Ende des Jahres mit nach Hause nehmen und mit ihren Eltern ansehen können.
- Bringen die Kinder das Album im nächsten Jahr wieder mit, können Sie es fortführen.
- Beim Abschied von der Krippe können Sie jedem Kind sein persönliches Album feierlich überreichen.

Tipp

Gestalten Sie das Album mit den Kindern gemeinsam! Lassen Sie die Kinder malen, ihre Hände und auch Füße auf eine Seite drucken und besondere gesammelte Kleinigkeiten, die flach genug für ein Album sind, einkleben.

Wer ist wer?

Für Eltern

Eine gute Gelegenheit ...

zum Kennenlernen beim Elternabend

Das brauchen Sie

Papier, Stifte

So geht es

Diese Anregung ist ein guter „Eisbrecher“ für einen Elternabend in Ihrer Gruppe, um einander in lockerer Atmosphäre kennenzulernen.

- Zu Beginn eines Krippenjahres bitten Sie jede Familie, ihren Namen und zwei interessante, lustige oder ungewöhnliche Sachen über sich oder die Kinder aufzuschreiben, z.B.: *„Mein Sohn isst Butterbrote mit Ketchup zum Frühstück“ und „Mein Mann und ich haben uns bei einem Bauchtanzkurs kennengelernt.“* Erklären Sie den Familien, dass diese Informationen an die anderen Eltern weitergegeben werden.
- Wenn alle Eltern ihre Antworten abgegeben haben, tippen Sie sie ab und machen daraus ein „Wer ist wer?“-Spiel. Schreiben Sie auf ein Blatt Papier: *„Wer bin ich?“* Darunter schreiben Sie für jede Familie einen Satz, z.B.: *„Dieser kleine Junge isst Butterbrote mit Ketchup zum Frühstück, und sein Papa und seine Mama haben sich bei einem Bauchtanzkurs kennengelernt.“* Lassen Sie nach jeder Aussage eine Zeile frei.
- Wenn Sie Ihren ersten Elternabend veranstalten, verteilen Sie das „Wer bin ich?“-Blatt an alle. Bitten Sie die Familien, sich mit anderen Familien zu unterhalten und herauszufinden, welche Aussage zu wem gehört.

Aktivitäten-Kalender

Eine gute Gelegenheit …

zum Informieren im Eingangsbereich

Das brauchen Sie

einen Blanko-Kalender mit Platz für eine Wocheneinteilung oder Tonpapier (um selbst Kalenderblätter zu gestalten), ein Kopiergerät

So geht es

Viele Eltern möchten gerne wissen, was für die Woche in der Krippe geplant ist. Kommen Sie diesem Interesse entgegen, indem Sie Ihren „Wochenplan" aushängen oder verteilen.

- Entwerfen Sie ein Deckblatt für Ihre Gruppe und schreiben Sie z.B. „*Aktivitäten-Kalender für die Bärengruppe*" darauf
- Tragen Sie für jede Woche das Thema und drei Aktivitäten ein, z.B.:

  Thema → Wasser
  Aktivitäten → Wasserbilder, Angelspiel, Ausflug zum Zoo-Aquarium

- Hängen Sie den Kalender gut sichtbar im Eingangsbereich auf.
- Wenn die Eltern über die Planungen informiert sind, fühlen sie sich einbezogen und können außerdem Materialien und Bücher für Ihre Vorhaben beisteuern.

Familien-Ordner

Für 12–36 Monate

Eine gute Gelegenheit …

zum Erinnern, Wahrnehmen und Erzählen zwischendurch

Das brauchen Sie

große Ringbücher, Prospekthüllen (DIN A4), einen Fotoapparat, weißes DIN-A4-Papier

So geht es

- Machen Sie Fotos von allen Kindern in der Gruppe.
- Kleben Sie jeweils ein Bild auf ein DIN-A4-Blatt, und schieben Sie es in eine Prospekthülle.
- Ermuntern Sie die Eltern, im Laufe des Kindergartenjahres Bilder von Familienangehörigen und besonderen Ereignissen in der Familie mitzubringen. Kleben Sie jedes weitere Bild auf ein DIN-A4-Blatt, schieben Sie es in eine Prospekthülle, und heften Sie sie im Ringbuch ab.
- Legen Sie das Ringbuch in die Leseecke, sodass die Kinder es ansehen und Fotos von sich selbst, von ihren Familien und Freunden entdecken können.
- Dies ist eine schöne Möglichkeit für die Kinder, sich Familienfeste und andere Ereignisse in Erinnerung zu rufen, die sich im Laufe des Jahres zugetragen haben.

Denk an mich!

Für 12–36 Monate

Eine gute Gelegenheit …

zum Ankommen und Eingewöhnen

Das brauchen Sie

viele kleine identische Spielzeuge oder „Glücksbringer“ (z.B. kleine Steine, kleine Holzstücke, Kastanien usw.), einen kleinen bemalten oder beklebten Karton mit Deckel, einen wasserfesten Filzstift

So geht es

- Stellen Sie eine Sammlung von Paaren kleiner Spielzeuge oder anderer Kleinigkeiten zusammen, legen Sie sie in den Karton.
  Schreiben Sie „*Denk-an-mich-Kiste*“ auf den Karton und bewahren Sie ihn außerhalb der Reichweite der Kinder auf.
- Wenn die Kinder sich morgens von der Mama oder dem Papa trennen sollen, ermuntern Sie sie, zwei identische Dinge aus dem Karton auszusuchen. Das Kind gibt eines der Mama oder dem Papa, eines behält es selbst. Mama oder Papa müssen versprechen, das Spielzeug den ganzen Tag über in der Hosentasche oder auf dem Schreibtisch aufzubewahren und es beim Abholen wieder mitzubringen. Das Kind muss auch versprechen, das Spielzeug den ganzen Tag über zu hüten, bis Mama oder Papa es abholen.
- Wenn die Kinder im Laufe des Tages zeigen, dass sie ihre Eltern vermissen, erinnern Sie sie an den kleinen „Denk-an-mich“-Gegenstand in ihrer Tasche, der auch bei den Eltern ist.
  Fragen Sie: *„Was meinst du, wo hat Mama ihr Spielzeug? In der Tasche oder auf dem Schreibtisch?“*

Tütengeschichten

Für 24–36 Monate

Eine gute Gelegenheit ...

als Erzählanlass für den Elternnachmittag

Das brauchen Sie

eine Papiertüte

So geht es

- Laden Sie die Familien der Kinder ein, zu einem Geschichtennachmittag in die Gruppe zu kommen.
- Sammeln Sie alle Gäste und Kinder um sich, und stellen Sie eine große Papiertüte vor sich hin. Bitten Sie die Kinder, jeweils einen Gegenstand aus dem Raum in die Tüte zu legen.
- Wenn alle Gegenstände in der Tüte sind, ziehen Sie zwei oder drei Gegenstände heraus und spinnen den Anfang einer Geschichte um diese Gegenstände. Fragen Sie dann, ob jemand die Geschichte weitererzählen möchte.
- Alle können mitmachen. Wer übernimmt, muss zwei oder drei Sachen aus der Tüte nehmen und sie in die Fortsetzung Ihrer Geschichte einbinden.
- Wenn alle Gegenstände in der Geschichte untergebracht sind und alle Erwachsenen, die Lust dazu hatten, sich beteiligt haben, bringen Sie die Geschichte zu Ende.
- Wenn die Geschichte zu Ende erzählt ist, wollen die Kinder Ihnen bestimmt sagen, wer welchen Gegenstand ausgesucht hat. Nutzen Sie die Gelegenheit, und bitten Sie die Kinder „ihre" Gegenstände wieder aufzuräumen.

Eltern-Frühstück

Für 3–36 Monate

Eine gute Gelegenheit ...

zum gemeinsamen Frühstück

Das brauchen Sie

ausreichend Geschirr und Besteck

So geht es

Wenn die Eltern die Krippe und die Mitarbeiterinnen kennen und als angenehm empfinden, fällt die Zusammenarbeit leichter. Den Kindern kommt das zugute, weil die Eltern sie gut aufgehoben wissen.

- Laden Sie die Eltern ein, jeweils an einem festen Tag im Monat (zu Beginn des Jahres im Kalender markieren) ein gemeinsames Frühstück zu veranstalten. Bedenken Sie dabei die Eingewöhnungsphasen der Kinder, und teilen Sie das Frühstück notfalls in mehrere kleine Frühstückssituationen auf, damit die Kinder nicht überfordert sind.
- Geben Sie eine Liste aus, und legen Sie fest, welche Eltern an den Tagen für das Frühstück sorgen. Die Eltern bringen dann etwas zu essen und zu trinken mit. Natürlich dürfen die Kinder ihr eigenes, mitgebrachtes Frühstück verzehren.

Deine Spur

Für Eltern

Eine gute Gelegenheit ...

beim Elternabend

Das brauchen Sie

Papier, Stifte, Wachskreide oder Wasserfarben

So geht es

Wenn die Eltern das erste Mal zu einem Elternabend in der Krippe kommen, sind alle mächtig aufgeregt. Natürlich sind einige Eltern nicht zum ersten Mal da, weil sie schon Geschwisterkinder in der Einrichtung hatten oder haben. Es ist jedoch immer ein enormer Schritt, sein Kind in die Krippe zu geben. Honorieren Sie diesen Schritt, indem Sie den ersten Elternabend besonders sensibel gestalten. Führen Sie daher zu Beginn des Elternabends ein einfaches Spiel durch, das allen den Einstieg erleichtert.

- Die Kinder sind ja bereits seit ein paar Tagen in der Krippe (meist noch mit einem Elternteil zur Eingewöhnung). In diesen Tagen lassen Sie von jedem Kind etwas malen oder nehmen einen Hand- oder Fußabdruck eines jeden Kindes.
- Legen Sie die Abdrücke oder Zeichnungen auf die Stühle, bevor die Eltern in den Raum kommen. Jeder soll sich dorthin setzen, wo er meint, das Bild seines Kindes zu entdecken. Das ist natürlich fast unmöglich. Es entstehen lustige Gespräche.
- Lassen Sie die Eltern erzählen, warum sie sich ausgerechnet dorthin gesetzt haben. Jetzt haben die Eltern die Gelegenheit, sich kurz vorzustellen. Nach dem Einstieg darf natürlich jeder das Bild des eigenen Kindes behalten.

Medientipps

Bostelmann, Antje (Hrsg.):
Krippenarbeit LIVE.
Verlag an der Ruhr, 2010.
ISBN 978-3-8346-0599-3

Bostelmann, Antje (Hrsg.),
Klax g GmbH:
Guten Morgen, guten Morgen, wir winken uns zu! Singezeilen für Babys und Krippenkinder. Mit Audio-CD.
Verlag an der Ruhr, 2010.
ISBN 978-3-8346-0604-4

Charner, Kathy; Clark, Charlie;
Murphy, Maureen:
155 5-Minuten-Spiele für die Krippe.
Zum Sprechen, Fühlen, Entdecken und Bewegen.
Verlag an der Ruhr, 2010.
ISBN 978-3-8346-0713-3

Gopnik, Alison; Kuhl, Patricia;
Meltzoff, Andrew:
Forschergeist in Windeln.
Piper Verlag, 2003.
ISBN 978-3-4922-3538-9

Schäfer, Gerd E.:
Bildung beginnt mit der Geburt.
Cornelsen Verlag Scriptor, 2006.
ISBN 978-3-5892-5373-9

Silberg, Jackie:
255 5-Minuten-Spiele für die Kita zu allen Bildungsbereichen.
Verlag an der Ruhr, 2009.
ISBN 978-3-8346-0470-5

Silberg, Jackie:
Kleine Spiele zum Großwerden für Babys. Jeden Entwicklungsschritt gezielt begleiten.
Verlag an der Ruhr, 2009.
ISBN 978-3-8346-0467-5

Silberg, Jackie:
Kleine Spiele zum Großwerden für 1-Jährige. Jeden Entwicklungsschritt gezielt begleiten.
Verlag an der Ruhr, 2009.
ISBN 978-3-8346-0468-2

Silberg, Jackie:
Kleine Spiele zum Großwerden für 2-Jährige. Jeden Entwicklungsschritt gezielt begleiten.
Verlag an der Ruhr, 2009.
ISBN 978-3-8346-0469-9

Weiler, Tina:
Kribbelverse für Krabbelkinder.
Verlag an der Ruhr, 2010.
ISBN 987-3-8346-0635-8